Boxer
Bichon Frisé
Golden Retriever
Border Terrier
Irish Terrier
Dobermann
Französische Bulldogge
Havaneser
Chinesischer Schopfhund
Brüsseler Griffon
Wolfsspitz
Bloodhound
Zwergschnauzer
Shiba Inu

Toy-Pudel
Tibetdogge
Samojede
Border Collie
West Highland White Terrier
Zwergspaniel
Affenpinscher
Deutsche Dogge
Dackel
Jack Russell Terrier
Malteser
Komondor
Foxterrier
Irischer Wolfshund

DIE WELT DER HUNDE

Für die Atlanta Humane Society und CrisisDogsNC – weil ihr mir meine zwei besten (vierbeinigen) Freunde gebracht habt.

C.S.

In liebevoller Erinnerung an Paca, unsere erste Hündin, die ihr viel zu kurzes Leben mit uns teilte.

L.U.

Die Originalausgabe ist bei Nosy Crow Limited erschienen.
Titel der Originalausgabe:
A World of Dogs
Die Übersetzung von *A World of Dogs* wird in Vereinbarung mit Nosy Crow Limited veröffentlicht.

arsEdition GmbH,
Friedrichstraße 9, D-80801 München

Aus dem Englischen von Carolin Hensler
Lektorat: Dido Nitz
Umschlaggestaltung: Grafisches Atelier, arsEdition
Printed in Italy

ISBN 978-3-8458-5843-2

www.arsedition.de

MIX
Papier | Fördert gute Waldnutzung
FSC® C023419

DIE WELT DER HUNDE

Alles über unsere Freunde auf vier Pfoten

Geschrieben von
Carlie Sorosiak

Illustriert von
Luisa Uribe

Inhalt

Ein Hund ist ein Geschenk fürs Leben! (Sogar wenn es ein Dingo ist!)

Hast du schon einmal vom Amerikanischen Dingo gehört? Ich auch nicht. Bis vor Kurzem jedenfalls, als ich aus Versehen einen adoptierte. In vielerlei Hinsicht schien Dany ein ganz normaler Hund zu sein: zappelig, neugierig und zutraulich. Und unglaublich schlau. Und noch etwas: Vom ersten Tag an hatte sie etwas Unbezähmbares an sich.

Es war nicht nur das Aufblitzen hellwacher Neugierde in ihren goldbraunen Augen. Es war die Art, wie sie ihren Körper flach machen konnte, als wäre sie eins mit dem Boden, wenn sie ein Eichhörnchen erspäht hatte. Oder wie sie sich vor den freundlichsten Fremden versteckte. Die Papiere, die ich im Tierheim erhalten hatte, wiesen sie als Shepherd-Mix aus.

»Nee, nee«, sagte mein Tierarzt, nachdem er sie untersucht hatte. »Du hast dir einen Carolina Dog geholt. Du weißt schon, einen Amerikanischen Dingo?«

Ich bin mit drei Golden Retrievern und einem sehr schlauen Pointer aufgewachsen. Ich hatte sogar einen Roman geschrieben, der aus Sicht eines Hundes verfasst war. Ich war sicher, mich mit diesem ganzen Hundeding echt gut auszukennen. Nun ja, und bis zu diesem Augenblick beim Tierarzt hätte ich Dingos ausschließlich in Australien verortet.

Versteckt – und doch ganz nah

Noch am selben Abend begann ich mit meinen Nachforschungen zur Geschichte des Amerikanischen Dingos. Eines Wildhundes, wie ich entdeckte, mit uralter Blutlinie. Eines Hundes, der über Tausende Jahre hinweg unentdeckt blieb, gut versteckt in den Sümpfen von South Carolina in den Vereinigten Staaten von Amerika. Eines Hundes, der gerade schnarchend auf meinen Füßen schlummerte, während ich mit meiner Recherche beschäftigt war.

Ich gab Dany ein Versprechen: »Ich werde so viel über dich herausfinden, wie ich kann.« Und so brachte ich in Erfahrung, dass ihr Wildhundmagen rohes Futter haben wollte – kein gekochtes Fleisch aus der Dose oder trockene Hundekekse. Ich las, dass sie instinktiv, also von Natur aus, scheu war, da ihre Vorfahren kaum Kontakt zu Menschen hatten. Und ich lernte etwas ganz Entscheidendes: Das alles ernsthaft zu verstehen, braucht Zeit.

Es vergeht kein Tag, an dem ich nicht etwas Neues an Dany entdecke – etwa die Art, wie sie ihren Kopf schief legt, oder den Knick in ihrem Schwanz, der diesen wie einen Angelhaken aussehen lässt –, und all das macht mich nur noch neugieriger.

Auf Entdeckungsreise in die Welt der Hunde

Dieses Buch ist ehrlich gesagt meiner eigenen Neugier entsprungen. Warum haben Hunde so einen fantastischen Geruchssinn? Inwieweit können Hunde menschliches Verhalten begreifen? Und was um Himmels willen ist eine Afterkralle? Das wollte ich einfach unbedingt wissen! Und zwar nicht nur, um die Bindung zu meinem eigenen Hund zu stärken, sondern auch, weil ich es faszinierend finde, wie aus den Wildtieren längst vergangener Zeiten die zugewandten Haustiere wurden, die wir heute kennen und lieben.

Showhunde
werden für die Ausstellung frisiert und trainiert, bevor sie an Schauwettbewerben teilnehmen.

Blindenhunde
werden dazu ausgebildet, ihren Menschen zu führen und zu beschützen.

Hirtenhunde
werden zum Hüten, Zusammenhalten und Verteidigen von Viehherden eingesetzt.

Schlittenhunde
wie Huskys ziehen Schlitten über Schnee und Eis.

Therapiehunde
unterstützen Menschen in medizinischen Bereichen. Zum Beispiel helfen sie mit, Menschen mit seelischen Problemen oder Sprachstörungen zu heilen. Oft arbeiten sie dafür in Altersheimen oder Krankenhäusern.

Fährtenhunde gegen Wilderei
helfen Wildhütern dabei, Tiere wie Nashörner oder Elefanten zu beschützen.

In diesem Buch werden dir viele besondere Hunde begegnen: Geschichten voller Freundschaft, Ruhm und Heldentum. Du wirst Erstaunliches lesen aus Wissenschaft und Geschichte – und spannende Informationen rund um die unglaublichen Fähigkeiten der unterschiedlichen Hunderassen erhalten. Du wirst die Sprache der Hunde besser verstehen lernen. Und wer weiß? Vielleicht kann dir dieses Wissen einmal sehr nützlich sein, solltest du – mit Absicht oder ungeplant – eines Tages einen Dingo adoptieren.

Die Anfänge des Hundes

Auf den ersten Blick haben ein Mops und ein Grauwolf nicht viel gemeinsam. Der eine ist rund und pummelig, mit einer platten Schnauze und einem geringelten Schwanz. Der andere ist flink und geschmeidig – ein begnadeter Jäger. In Märchen kommen Möpse wohl kaum als große Schurken vor. Und trotzdem haben alle domestizierten Hunde (also solche, die mit Menschen zusammenleben) – Möpse eingeschlossen – einen gemeinsamen entfernen Verwandten oder Vorfahren: den Grauwolf.

Flauschige kleine Fleischfresser

Schon vor 55 Millionen Jahren streunten wolfartige Kreaturen über die Erde. Diese fleischfressenden Säugetiere, auch bekannt als *Miacis*, waren viel kleiner als die Wölfe von heute. Jeder einzelne Hund, Schakal, Fuchs oder Wolf, der je gelebt hat, ist mit diesem ausgestorbenen kleinen Kerlchen verwandt oder stammt von ihm ab.

Gute 20 bis 30 Millionen Jahre später hat sich der *Miacis* in den *Cynodictis* weiterentwickelt. Der hatte einen richtig langen Schwanz und durch das struppige Fell und die spitz geformten Ohren können wir schon gut den heutigen Fuchs oder Wolf erkennen.

Baum des Lebens

Um die Entwicklung verschiedener Lebensformen möglichst verständlich darzustellen, arbeitet man in der Forschung mit einem Modell, das »Evolutionsbaum« heißt. Dieser Baum hat ganz viele verzweigte Äste, und jeder neue Zweig zeigt die Entwicklung an, wie sich ein Lebewesen im Lauf der Jahrtausende verändert oder weiterentwickelt hat.

Der Ast, der für die Vorfahren des Fuchses steht, hat sich erst nach vielen Tausend Jahren vom Ast der Wolfvorfahren abgespalten – und noch mal länger hat es gedauert, bis die Wölfe und Kojoten unterschiedliche Wege gegangen sind. Aber vor ungefähr 1,8 Millionen Jahren sind dann schließlich die Vorfahren der heutigen Wölfe entstanden. Tadaa!

So lässt sich Evolution erklären!

Unter **Evolution** verstehen wir die allmähliche Entwicklung aller heutigen Lebewesen aus früheren Lebensformen. Das erste Leben auf diesem Planeten entstand vor mehr als 3,5 Milliarden Jahren. Seitdem haben sich Millionen unterschiedlicher Arten von Lebewesen entwickelt, auch bekannt als »Spezies«. Manche Spezies sind inzwischen ausgestorben, das bedeutet, es gibt sie nicht mehr auf der Erde.

Der Evolutionsbaum eines Hundes

Evolution ist ein unglaublich langsamer Prozess! Es kann Hunderttausende von Jahren dauern, bis sich eine Spezies weiterentwickelt hat.

Hund
(tauchte erstmals vor 20 000–40 000 Jahren auf)

Der rätselhafte Dingo

Die Anfänge des Australischen und Amerikanischen Dingos bleiben im Dunkeln. In der Wissenschaft wird vermutet, dass sie eine alte Art halbwilder Hunde sind, die vor langer Zeit als Reisegefährten des Menschen ins Land kamen, bevor sie wieder in die Wildnis zurückkehrten.

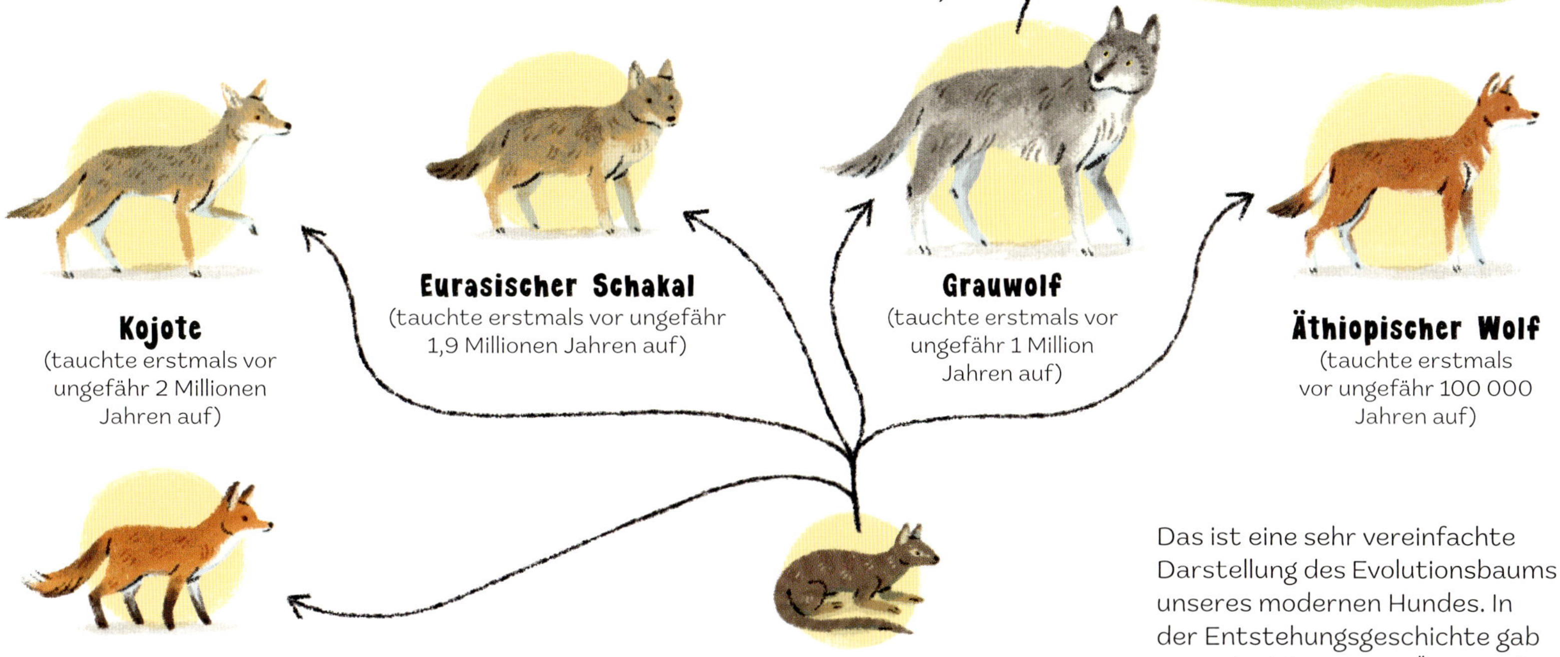

Kojote
(tauchte erstmals vor ungefähr 2 Millionen Jahren auf)

Eurasischer Schakal
(tauchte erstmals vor ungefähr 1,9 Millionen Jahren auf)

Grauwolf
(tauchte erstmals vor ungefähr 1 Million Jahren auf)

Äthiopischer Wolf
(tauchte erstmals vor ungefähr 100 000 Jahren auf)

Fuchs
(tauchte erstmals vor ungefähr 9 Millionen Jahren auf)

Miacis
(tauchte erstmals vor ungefähr 55 Millionen Jahren auf – heute ausgestorben)

Das ist eine sehr vereinfachte Darstellung des Evolutionsbaums unseres modernen Hundes. In der Entstehungsgeschichte gab es noch viele weitere Äste und unterschiedliche Arten wolfsähnlicher Tiere.

Hunde-DNS

Was sagst du: Wie ähnlich sind sich der Golden Retriever auf deiner Couch und die graupelzigen Wölfe des Yellowstone Nationalparks in den Vereinigten Staaten von Amerika? Ziemlich ähnlich! Hunde haben zu 99,9 Prozent die gleiche »DNS« (das ist die Information in jeder einzelnen Zelle, die ihrem Körper sagt, wie er wachsen und funktionieren soll) wie wilde Wölfe. Manche Hunderassen wie der Alaskan Malamute, der Shiba Inu oder der Akita haben eine DNS, die sich sogar noch weniger von der DNS jener Wölfe unterscheiden lässt, die du im Zoo sehen kannst.

Manche Leute denken, dass Hunde von diesen Zoo-Wölfen abstammen, aber das stimmt nicht. Die Wölfe im Zoo und unsere Haushunde sind eher wie Cousins. Beide lassen sich auf dieselbe Wolf-Spezies zurückführen: gemeinsame wilde Vorfahren, die schon lange auf unserem Planeten ausgestorben sind.

Wenn du also das nächste Mal einen Mops siehst – oder einen Chihuahua oder Beagle –, denk daran, dass sie alle eine lange, stolze Vorgeschichte haben. Wir sollten sie also durchaus ernst nehmen, selbst wenn sie gerade den Postboten verbellen!

Zu Hause ist, wo der Wolf ist

Irgendwo in Zentralasien lauscht ein Wolf den leisen Geräuschen, die seine Pfoten auf dem Boden verursachen. Ganz in der Nähe bemerkt er ein Lagerfeuer: Menschen wärmen ihre Hände an den Flammen, feine Rauchschwaden ziehen in die Nacht. Die Menschen grillen Fleisch, und am Morgen findet der Wolf ein paar Überbleibsel, die er mit flinken Bissen verschlingt. Oh ja, die waren ziemlich lecker! Vielleicht wird er noch ein wenig hierbleiben …

Die Reise aus der Wildnis

Möglicherweise hat so die **Domestizierung** begonnen – so beschreiben wir den Prozess, wenn ein wildes Tier gezähmt wird und fortan als Haus- oder Arbeitstier bei uns Menschen lebt. Vielleicht war es auch ganz anders, denn was die Domestizierung von Hunden betrifft, bleibt man sich in der Forschung uneins. Was als sicher gilt, ist die Tatsache, dass Wölfe vermutlich vor etwa 20 000 bis 40 000 Jahren sehr viel zutraulicher wurden. Ihre starken und schlanken Körper begannen sich zu verändern: Ihre Schwänze kräuselten sich, die Ohren wurden schlaffer. Sie wurden insgesamt sanfter – und passten sich mehr dem Willen der Menschen an.

Aber warum fand diese Veränderung bei den Wölfen vor vielen Tausend Jahren statt? Und wo? Das ist nach wie vor nicht eindeutig. Ein Teil der Wissenschaft besagt, dass die »Jäger und Sammler« (Menschen, die sich von erjagtem Wildtier, Fisch und Wildpflanzen ernähren) nach Wölfen Ausschau hielten, die sie zähmen konnten, während ein anderer Teil denkt, dass eher die Wölfe sich für die Menschen zu interessieren begannen. Vielleicht sind die Wölfe den Menschen nachgelaufen, haben ihr Essen gefressen und durften dann bleiben? Das wäre jedenfalls in doppelter Hinsicht ein guter Deal! Die Menschen bekommen Schutz und Unterstützung bei der Jagd, die Wölfe so manchen Leckerbissen.

Freundliche Füchse

Auf einer Fuchsfarm in Russland begann 1958 ein Experiment, das zeigt, wie gezielte Anpassung funktioniert. Da Tiere sanften Gemüts leichter zu handhaben waren, durften nur die zutraulichsten Füchse Junge bekommen. Wenige Jahre später waren die Nachfahren zahm wie Haushunde. Bis heute hat sich sogar ihr Äußeres verändert – was gar nicht geplant war. Fluffig und mit Schlappohren sehen sie unglaublich niedlich aus und werden als begehrte Haustiere verkauft.

Der älteste Freund des Menschen

Egal, wie es nun dazu kam, dass Wölfe mit Menschen zusammenlebten, das Ergebnis ist dasselbe: Hunde begannen, dem Menschen auf besondere Weise zu vertrauen. Sie wurden unsere ersten domestizierten Tiere, noch vor Schafen und Schweinen. Sie waren sogar schon an unserer Seite, bevor wir Menschen mit Ackerbau sesshaft wurden. In früheren Kulturen waren Hunde unsere Beschützer, unsere Schafhirten und Schlittenhunde; sie waren die treuesten Freunde und zählten ihr ganzes Leben lang fest zur Familie.

Ein ganz ähnlicher Anpassungsprozess vollzieht sich heutzutage in Hochlandgebieten Ostafrikas. Äthiopische Wölfe bilden Interessengemeinschaften mit Blutbrustpavianen. Der Zusammenhalt bringt beiden offenbar Schutz und Nahrung. So wie es mit den Menschen war, wäre es möglich, dass sich durch das enge Zusammenleben und -arbeiten auch hier eine enge und dauerhafte Freundschaft der beiden Arten entwickelt.

Können uns Hunde verstehen?

König Friedrich II. von Preußen bezeichnete den Hund als »besten Freund des Menschen«. Er hatte recht: In der Verbindung zwischen Hund und Mensch liegt etwas Einzigartiges.

Offenbar war das schon immer so. Gerade wurde ein Hund entdeckt, der vor 30 000 Jahren mit einem Knochen in seinem Maul beerdigt wurde. Und bei Ausgrabungen in Sibirien wurden Grabstätten gefunden, in denen Menschen und Hunde Seite an Seite bestattet worden waren. Ob die Menschen dort ihre Hunde auch im Jenseits bei sich haben wollten? Oder ob sie glaubten, dass die Hundeseele nach dem Tod noch weiter über die Erde streifen würde? Wir wissen es nicht.

Kumpel fürs Leben

Heute gibt es schätzungsweise 900 Millionen Hunde auf der Welt. Sie sind unsere Begleiter, Seelengefährten und Helfer. Sie schlafen auf dem Boden neben dem Bett und schlecken die Erdnussbutter von unseren Löffeln.

Frag mal bei einem Freund oder einer Freundin mit Hund in der Familie nach – höchstwahrscheinlich wirst du zur Antwort bekommen: »Mein Hund versteht mich.« Und wir verstehen unseren Hund.

Auf Beziehungsebene

Aktuelle Forschungen beweisen, dass unsere Verbindung zu Hunden noch enger ist, als wir dachten. Kannst du den Gesichtsausdruck eines Nashorns deuten? Wie sieht es mit einer Taube aus? Vermutlich nicht ... aber falls doch, Hut ab!

Mit Hunden ist das eine andere Geschichte. Wir Menschen – wie unsere Vorfahren – haben so viel Zeit mit Hunden verbracht, dass wir deren Mimik, deren Stimmungen und Angewohnheiten zu deuten wissen. Was noch cooler ist: Hunde können auch unsere Gesichtsausdrücke verstehen. Wenn wir ärgerlich schauen, wissen sie das. Wenn wir lachen, spüren sie unsere Freude.

Hunde reagieren auch auf unsere Stimmlage. Sobald du etwas mit hoher Stimme und größter Begeisterung sagst, werden sie sehr wahrscheinlich mit dem Schwanz wedeln: »Guuuter Junge!« »Feiiines Mädchen!«

Sie bitten uns sogar um Hilfe. Es gibt ein wunderbares Experiment, bei dem Hunden und Wölfen dasselbe knifflige Rätselspiel vorgelegt wurde. Während die Wölfe verzweifelt versuchten, es zu lösen, indem sie die Pfoten einsetzten und es anknabberten, schauten die Hunde zu ihren Menschen – und in ihren Augen stand eine einfache Frage: »Du hilfst mir doch, oder?«

Freunde fürs Leben

Hundeaugen sind sehr ausdrucksstark. Tatsächlich wird **Oxytocin** (ein Hormon, also ein chemischer Botenstoff, der in deinem Gehirn hergestellt wird und von dem dir ganz warm ums Herz wird) ausgeschüttet, wenn du deinen Hund liebevoll ansiehst und er deinen Blick erwidert. Und dem Hund geht es genauso. So entwickelt sich übrigens auch die Bindung zwischen Eltern und ihren Neugeborenen – durch die Ausschüttung von Oxytocin. Die Tatsache, dass so etwas zwischen verschiedenen Spezies passiert, ist unglaublich!

So unterschiedlich wie ähnlich!

Das Wundervolle an Hunden ist, dass es sie in allen möglichen Formen und Größen gibt – vom kolossalen Mastiff bis zum winzigen Chihuahua. Einige Rassen sind auf natürlichem Wege entstanden, ohne Zutun des Menschen. Andere wiederum, wie der Dackel, wurden von uns Menschen wegen ihres Verhaltens oder Aussehens gezüchtet.

Klein, kurze Beine, langer Körper: Das Erscheinungsbild des heutigen Dackels ist das Ergebnis menschlicher Zucht – denn wie sollte er sich auch sonst in einen Dachsbau graben können? Nach vielen, vielen Jahren der Auswahl von Hunden mit den kürzesten Beinen und den längsten Körpern war der Hund in Wurstform geboren!

Fressen, Schlafen, Wachsen ...

Unabhängig von ihrer Form oder Größe, verhalten sich alle Hunde ähnlich wie ihre wilden Vorfahren. Beim Schlafen zum Beispiel rollen sie sich gerne zusammen, um warm zu bleiben und ihre verletzlichen Bäuche zu schützen.

Während ausgewachsene Hunde bis zu 14 Stunden am Tag schlafen, sind es bei Welpen sogar bis zu 20! Das liegt teilweise daran, dass sie während der Wachphasen ständig am Auskundschaften sind: »Was riecht da so?« »Wie wird die Katze wohl reagieren, wenn ich sie mit meiner Nase knuffe?« Ganz schön anstrengend!

Hunde wachsen in nur sechs Monaten vom Wonneproppen zum spritzigen Junghund heran. Man nimmt an, dass ein Menschenjahr sieben Hundejahren entspricht (also entspräche ein 12 Jahre alter Hund einem 84 Jahre alten Menschen). Aber jeder Hund ist anders. Für gewöhnlich altern große Hunde schneller, während kleine sich mehr Zeit lassen. Egal ob groß oder klein: Mit den Jahren verfärbt sich das Fell an den Schnauzen langsam weiß. Das ist also genauso wie bei uns Menschen, wenn wir irgendwann graue Haare bekommen.

Das Fell – ein Outfit für jede Jahreszeit

Irgendwo da draußen watet jetzt gerade in diesem Augenblick ein Hund in einen Fluss hinein. Die Wassertropfen perlen wegen seines dichten Deckhaares von seinem Rücken ab, während ihn die weiche Unterwolle warm hält.

Nicht alle Hunde haben zwei Schichten Fell (manche haben nur das Deckhaar; andere wiederum haben gar kein Fell!), aber die meisten dürften ihrem Pelz dankbar dafür sein, dass er sie warm hält, wenn es kalt ist und kühl, wenn es heiß ist. Hunde können sich nicht einfach ein neues Fell für jede Jahreszeit kaufen, also müssen sie sich selbst eins »stricken«: indem sie sich dickeres Fell für den Winter zulegen und wiederum »haaren«, wenn die heißeren Monate bevorstehen.

Haarsträubend!

Hast du schon einmal einen Hund gesehen, der erschrocken war oder Angst hatte? Falls ja, hast du vielleicht bemerkt, dass auf dem Genick und Rücken die Haare bürstenartig aufgerichtet waren. Diese Nackenhaare des Hundes sind so etwas wie unsere Gänsehaut. Der Hund stellt sie auf bei Aufregung, Unsicherheit oder Furcht.

Viele Hunde lieben es, wenn ihr Fell sanft gestreichelt wird. Und zwar aus dem gleichen Grund, weshalb wir Menschen Umarmungen mögen. Es fühlt sich wunderbar an!

Eine Nase für Abenteuer

Hunde »sehen« die Welt mit ihrer Nase. Das kannst du in jedem Park beobachten: Ein Hund läuft im Zickzack über den Weg, macht an einem Busch halt und steuert gleich danach gegenüber den nächsten an. Auf diese Weise sammelt er Informationen und entdeckt die Welt. Der Forschung zufolge ist eine Hundenase mindestens um das 10 000-Fache empfindlicher als die Nase des Menschen.

Wie funktioniert das Schnuppern?

Unsere Welt der Geruchswahrnehmung besteht aus klitzekleinen Partikeln, die wir **Geruchsmoleküle** nennen. Diese schweben in der Luft und werden durch die Nasenlöcher in Richtung Rachen eingesogen, sobald eine Person oder ein Hund an etwas schnuppert. Dort werden die Moleküle von Millionen winziger Nervenzellen, auch **Geruchsrezeptoren** genannt, wahrgenommen, die dann wiederum elektrische Signale an das Gehirn senden. Das Gehirn versucht nun herauszufinden, was genau die Nase riecht. Interessanterweise setzen Hunde 40 % mehr von ihrer Gehirnleistung zum Entschlüsseln von Gerüchen ein als Menschen!

Es gibt die Vermutung, dass Bluthunde, eine besonders alte und nasenstarke Jagdhundrasse, bis zu 100 Millionen Mal besser riechen als wir. Einhundert Millionen! Dank seines unglaublich feinen Geruchssinns ist ein Hund in der Lage, einen Löffel Zucker zu riechen, der in so viel Wasser gekippt wurde, wie es ungefähr einem kleinen See entspricht.

Was macht die Hundenase so genial?

Anders als bei uns Menschen teilt eine kleine Hautfalte in den Nasenlöchern die Luft auf zwei Kanäle auf, sobald der Hund in die Luft schnuppert. Das ermöglicht es dem Hund, durch den einen Kanal einzuatmen, also auch Gerüche aufzunehmen, und durch den anderen auszuatmen. Wenn ein Duft erst mal im Riechkanal gelandet ist, reist er durch bis zu 300 Millionen Geruchsrezeptoren zum Gehirn – eine echt stolze Zahl, verglichen mit den fünf bis sechs Millionen Rezeptoren bei uns Menschen.

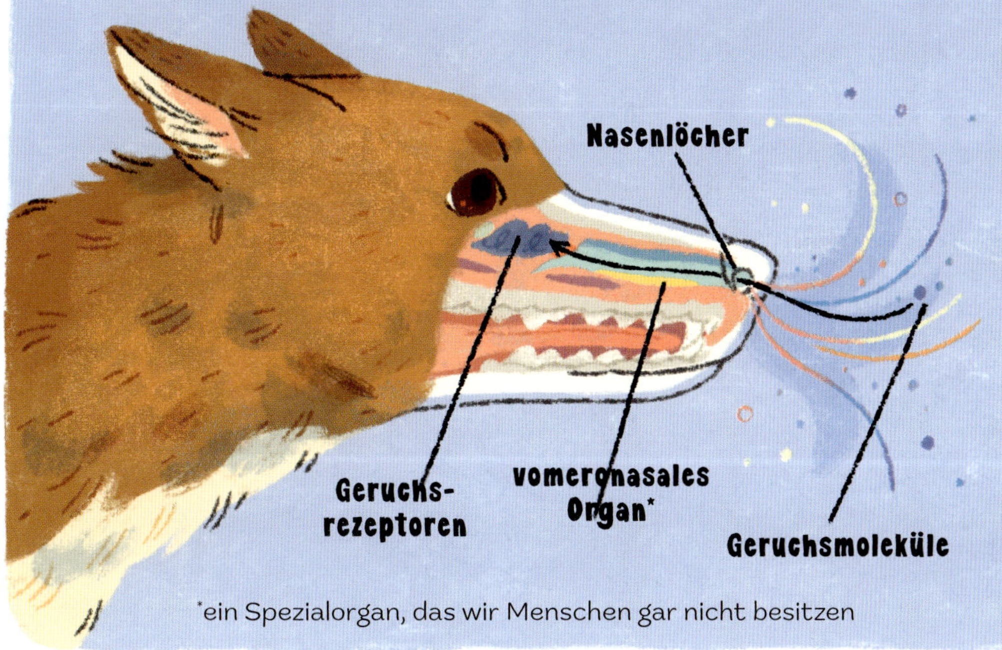

*ein Spezialorgan, das wir Menschen gar nicht besitzen

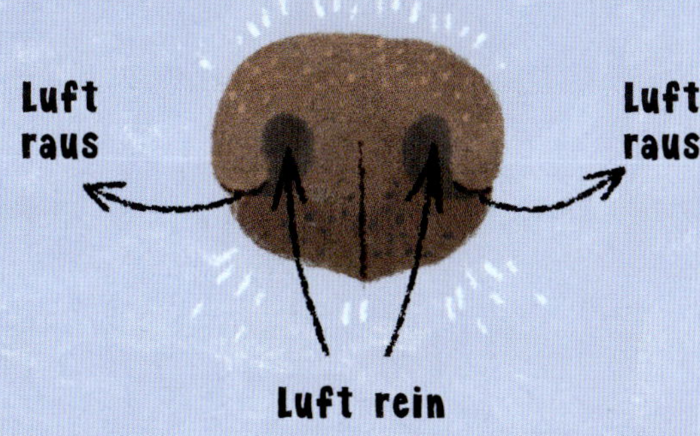

Da Hunde also durch die seitlichen Nasenkanäle ausatmen können, müssen sie die Luft nicht durch die »Haupttür« herauslassen, wie Menschen das tun. So können sie einfach weiterschnüffeln und in ihren Nasen mehrere »Duftschichten« aufbauen.

Warum ist die Nase nass?

Vielleicht ist dir das schon mal passiert: Plötzlich spürst du etwas Kaltes und Feuchtes an deinem Arm – es ist ein Hund, der dich mit seiner Nase anstupst! Nun, das Nasse kommt vom Speichel des Hundes, wenn er sich die Nase abgeleckt hat.

Und das macht der Hund andauernd. Dabei bleiben Duftpartikel an der feuchten Oberfläche hängen und gelangen damit in die Nase und das Maul des Hundes. An seinem Gaumen befindet sich eine Stelle mit besonders sensiblen Zellen, das **Vomeronasale Organ**, welches all die aufgenommenen Gerüche auswertet. Ein Hund riecht also mit Nase und Mund gleichzeitig! Die nasse Hundenase sorgt außerdem für einen Kühleffekt und stellt sicher, dass sich der Hund auch bei Hitze wohlfühlt.

Dass Hunde so tolle Schnüffelgenies sind, ist auch für Menschen nützlich. Du sollst einen flüchtigen Verdächtigen im Wald stellen? Oder möchtest eine vermisste Person finden? Sprengstoff aufspüren? Die Hundenase kann's!

Kann ein Hund lächeln?

Hunde schauen also sozusagen durch die Nase auf die Welt. Um ihr Bild zu vervollständigen, benutzen sie ihren Geschmackssinn und ihre Zunge.

Und manchmal sind es wir Menschen, die einer genaueren Untersuchung bedürfen. Hast du schon mal einen »Hundekuss« bekommen? Dieser Hund sagt damit wahrscheinlich: »Hi du!« Oder er zeigt dir durch die nasse Begrüßung ganz einfach, wie sehr er dich liebt.

Sonne raus, Zunge raus!

Hunde vewenden ihre Zungen für alles Mögliche, zum Beispiel zum Fressen, Trinken und Regulieren der eigenen Körpertemperatur.

Wir Menschen schwitzen, wenn es heiß wird. Unter unserer Haut befinden sich Millionen winziger Schweißdrüsen, die durch die Poren (das sind klitzekleine Löcher in der Haut) eine Flüssigkeit ausscheiden, die größtenteils aus Wasser besteht. Dieses Wasser trocknet und verdunstet, es verwandelt sich also von einer Flüssigkeit in ein Gas. Durch das Entstehen von »Verdunstungskälte« wird dem Körper Wärme entzogen. Das kühlt unseren Körper ab!

Hunde dagegen besitzen lediglich ein paar Schweißdrüsen an der Nase und an ihren Pfoten, und die dienen eher dazu, Geruchsspuren für ihre Artgenossen zu markieren. Abkühlung verschaffen sie sich vor allem mithilfe ihrer großen Zunge, die sie an heißen Tagen aus dem Maul heraushängen lassen. Durch schnelles Hecheln können sie auf diese Art überschüssige Körperwärme abgeben.

Ein Zungen-Rätsel ...

Normalerweise ist die Zunge eines Hundes rosa, aber manche Rassen wie die Chow-Chows oder die Shar-Peis haben bläuliche, schwarze oder sogar gefleckte Zungen. Bisher hat niemand herausgefunden, was es mit den dunkleren Farben auf sich hat.

Salzig? Süß? Alles Leckerbissen!

Schmecken hilft Hunden dabei, ihre Umgebung zu erkunden – und das Fressen zu genießen! Wie beim Menschen befinden sich auf der Zunge eines Hundes Geschmacksknospen, welche die Geschmacksrichtungen bitter, süß, salzig und sauer wahrnehmen – und außerdem noch einen herzhaften fünften Geschmack, der auch uns Menschen als »umami« bekannt ist. Als Allesfresser fressen Hunde Pflanzen und Fleisch gleichermaßen – allerdings spielt Fleisch eine große Rolle bei der gesunden Ernährung von Hunden.

Obwohl Hunde weniger als 20 Prozent der Geschmacksknospen haben, die wir besitzen, haben die meisten eine eindeutige Vorliebe für Fleisch. Das liegt daran, dass sie eine Reihe spezieller Geschmacksknospen zum Schmecken von Fleisch und gehaltvollen Fetten haben, die in etwa 80 Prozent der Ernährung eines wilden Hundes ausmachen. Erstaunlicherweise haben Hunde auch besondere Geschmacksknospen nur für Wasser (was wir Menschen nicht haben). Frisst ein Hund etwas Salziges werden diese Geschmacksknospen extra sensibel – vermutlich, um den Hund zum Trinken zu bewegen.

Was für große Zähne du hast!

Hunde haben starke Kiefer und Zähne, die speziell auf eine fleischreiche Ernährung abgestimmt sind. Die spitzen **Fangzähne** braucht der Hund, um seine Beute festzuhalten und zu transportieren, während er die starken seitlichen **Reißzähne** dazu benutzt, seine Nahrung zu zerkleinern.

Und? Was glaubst du: Können Hunde lächeln? Die Antwort lautet: irgendwie schon! Ein Hund, dessen Maul entspannt geöffnet ist, ist für gewöhnlich gut drauf.

Augen und Ohren

»Hol ihn!« Du wirfst einen roten Ball auf ein Feld und dein Hund geht ihn suchen. Seine Augen scannen das Gras ab. Wo ist er? Manchmal kann so ein Ball ganz schön schwierig zu finden sein, besonders weil Hunde eine deutlich geringere Anzahl an Farben sehen können als die meisten Menschen.

Rot und Grün zu unterscheiden, ist knifflig für den Hund – wenn nicht sogar unmöglich!

Wie funktionieren Augen?

Menschliche Augen und Hundeaugen arbeiten ähnlich. Durch die Pupille vorne strömt Licht hinein und wird durch eine Linse so gebündelt, dass es auf die Rückwand des Augapfels fällt.

Dort befinden sich besondere Zellen, die **Stäbchen** und **Zapfen**. Die verarbeiten Licht und senden elektrische Signale an das Gehirn, das wiederum auswertet, was das Auge sieht. Die Stäbchen sind für Schwarz, Weiß und Grautöne zuständig, und sie helfen uns, Formen zu erkennen. Durch sie können wir außerdem auch bei schlechtem Licht sehen. Die Zapfen dagegen lassen uns Farben wahrnehmen.

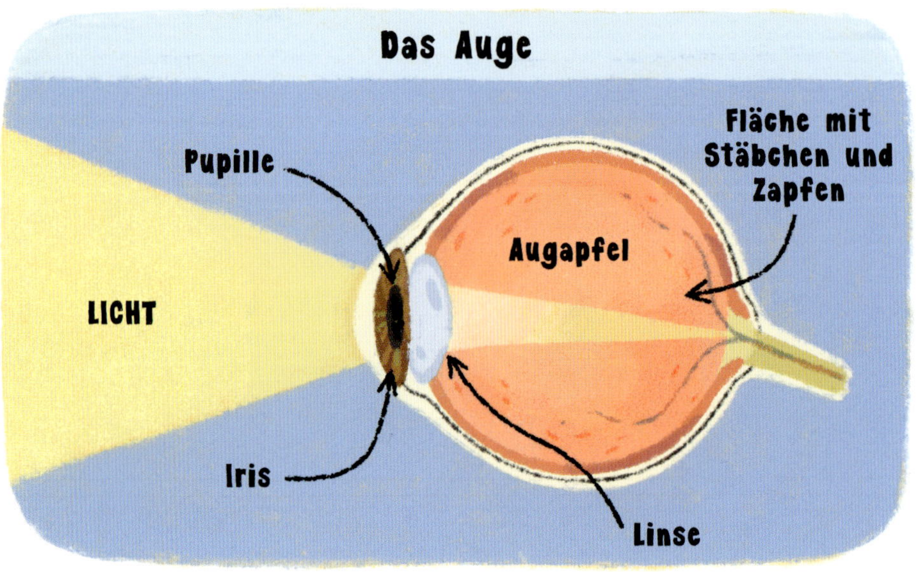

Was Hunde sehen

Hunde haben weitaus weniger Zapfen als die meisten Menschen, sie können also weniger Farben sehen. Details wirken auf sie ebenfalls verschwommener. Der Text auf dieser Seite ist für einen Hund bis zu acht Mal unschärfer als für uns Menschen.

In der Nacht sehen Hunde allerdings viel, viel besser als wir! Stell dir einen Hasen vor, der in einiger Entfernung in der Dunkelheit herumhoppelt. Du siehst ihn vielleicht nicht, aber dein Hund – dank seiner großen Pupillen und der zahlreichen Stäbchen in seinem Auge.

Achte auf seine Ohren

Folgt der Hund dem Hasen, dann beobachte einmal seine Ohren. Denn Hundeohren sind sehr aussagekräftig. Sind sie nach hinten geneigt und liegen fast ganz am Kopf an? Dann hat er vielleicht Angst. Sind sie nach vorne gedreht und aufmerksam aufgerichtet? Dann ist da gerade etwas spannend für ihn!

Jahrhundertelang haben Menschen geglaubt, dass Hunde in die Zukunft sehen können. Denn wie könnten sie sonst zum Beispiel ein Erdbeben schon wahrnehmen, bevor der Boden erschüttert wird? Nun, das hat damit zu tun, dass Hunde einfach unglaublich gute Zuhörer sind.

Hören, um zu leben

Am menschlichen Ohr gibt es sechs Muskeln. Rate mal, wie viele Ohrmuskeln Hunde haben? Siebzehn! Mit diesen 17 Muskeln können sie ihre Ohren unabhängig voneinander bewegen und auf Geräusche ausrichten. Um ihr Überleben zu sichern, mussten die Vorfahren unserer Hunde in der Lage sein, das leise Fiepen jener kleinen Tierchen zu hören, die sie jagten, Ratten und Mäuse zum Beispiel. Deshalb war die Weiterentwicklung ihres Hörsinns für die Tiere sinnvoll. Und auch unsere heutigen Hunde nehmen Geräusche um ein Vielfaches besser wahr als wir Menschen, selbst wenn es sich um einen sehr hohen Ton handelt.

Ob schlapp, aufrecht gestellt, fledermausartig oder lang – Hundeohren kommen in vielen Formen und Größen vor. Es gibt Meinungen in der Forschung, dass ein Hund umso braver ist, je mehr seine Ohren hängen. Solche Schlappohren haben durchaus ihre Vorteile. Ein Bluthund ist der beste Schnüffler in der Hundewelt. Das hat er zum Teil seinen Ohren zu verdanken, die Luft auffangen und Düfte in Richtung Nase umleiten können.

Von der Pfote zum Wedelschwanz

Egal ob lang und flauschig oder stummelig und gekringelt – der Schwanz eines Hundes ist die Fortführung seiner Wirbelsäule. Hast du schon einmal einen Hund richtig, richtig schnell laufen und flink einen Haken schlagen sehen, um dann in die andere Richtung davonzurennen – und das, ohne das Gleichgewicht zu verlieren? So etwas kann er wegen seines Schwanzes.

Indem er seinen Schwanz in dieselbe Richtung wirft, in die er kehrtmacht, verhält dieser sich wie ein Gegengewicht und verhindert, dass die Hinterbeine wegrutschen. Das gleiche Prinzip gilt, wenn sich Hunde durch Engen schlängeln. Ihr Schwanz funktioniert wie der Balancestab eines Seiltänzers – er hält sie gerade.

Wedelsprache

Jeder verbindet »Schwanzwedeln« mit einem glücklichen Hund, oder? Tatsächlich stimmt das aber nicht immer. Die Bewegung des Schwanzes kann bei Hunden eine Vielzahl verschiedener Stimmungen zum Ausdruck bringen. Ein entspannter Schwanz, der in großen Kreisen hin und her wedelt, sagt vielleicht: »Oh, ich freu mich so, dich zu sehen!« Ein steifer, aufgerichteter Schwanz kann bedeuten: »Ich bin angespannt und bereit vorzuspringen!« Ein zwischen die Beine geklemmter Schwanz ist oft ein Zeichen von Angst.

Fröhlich

Angespannt

Ängstlich

Welpenschwänzlein

Sehr junge Welpen wedeln überhaupt nicht mit dem Schwanz. Diese Fähigkeit entwickelt sich erst, wenn die Welpen anfangen müssen, anderen Hunden zu zeigen, wie sie sich fühlen. Die Wissenschaft geht davon aus, dass die Richtung des Schwanzwedelns wichtig ist. Wedeln nach rechts kann positive Aufregung signalisieren, das Wedeln nach links dagegen für negative Gefühle wie Stress stehen.

Unter anderem deswegen haben Hunde mit kurzen Stummelschwänzen – wie die Französische Bulldogge – Schwierigkeiten beim Kommunizieren mit ihren Artgenossen. Wie sollen andere Hunde auch erkennen, in welche Richtung der Schwanz einer Französischen Bulldogge wedelt, wenn der kürzer ist als dein Daumen?

Schwanz oder Spielzeug?

Warum jagen manche Hunde gerne ihren Schwanz? Der wedelnde Schwanz taucht wie ein Blitzer im Winkel ihres Blickfeldes auf – die perfekte Jagdbeute, auf die man sich stürzen kann. Junge und gelangweilte Hunde machen aus dem Schwanzjagen oft ein Spiel, hören damit aber als erwachsene Hunde auch wieder auf.

Pfoten und Krallen

Hast du dir mal die Pfoten eines Hundes angeschaut? Sowohl die Vorderpfoten als auch die hinteren besitzen jeweils vier Zehen mit den jeweiligen **Fingerballen** und einem großen **Handballen** in der Mitte der Pfote. An den Vorderpfoten befindet sich außerdem ein kleinerer Ballen weiter oben am Bein, der **Karpalballen** oder **Handwurzelballen** heißt. Diese Ballen helfen dem Hund dabei, Halt auf dem Untergrund zu finden, über den sie laufen. Sie funktionieren wie Schuhe und schützen vor heißem, kaltem und rauem Boden. Doch obwohl sie so dick sind, sind die Ballen trotzdem verletzlich, vor allem bei Hitze.

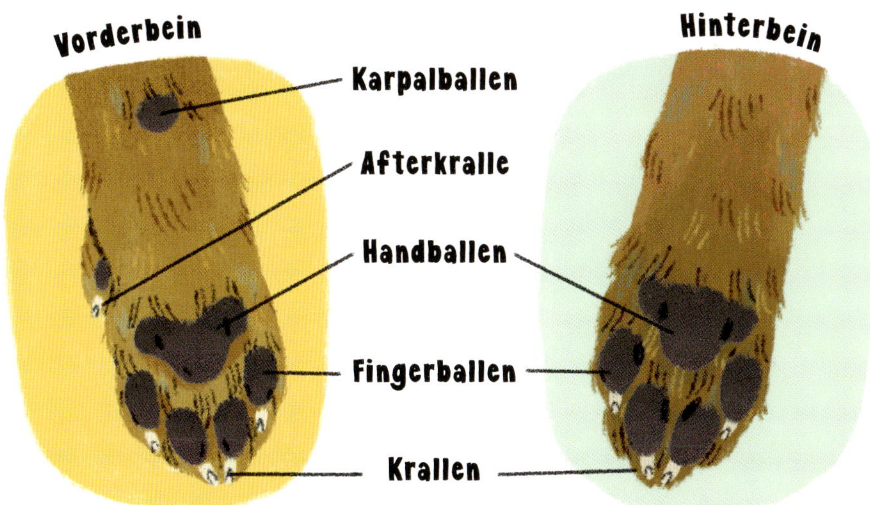

Auch die Hundekrallen sorgen für Griff und Sicherheit; sie sind perfekt geeignet zum Buddeln und zum Festhalten von Leckerbissen. Hast du schon einmal von der **Afterkralle** gehört? Das ist die extra Kralle am Vorderbein (manchmal auch am Hinterbein) – sieh doch mal nach! Afterkrallen sitzen oft direkt am Knochen und helfen Hunden beim Klettern oder beim Festhalten von Dingen. Sie sind im Grunde so was wie Hundedaumen.

Die Kunst des Bellens

Wie wir Menschen auch, geben Hunde unterschiedlichste Geräusche von sich. Und keines davon gleicht dem anderen. Ein einsames Heulen klingt anders als ein fröhliches Jaulen. Aufmerksamkeitsbellen ist nicht dasselbe wie ein warnendes Knurren. Kurz gesagt, Hunde haben ihre ganz eigene Sprache.

Richtig bellen für Anfänger

Lustigerweise bellen Wölfe kaum, obwohl sie und die Hunde ja dieselben Vorfahren haben. Möglicherweise hat der Hund das Bellen erst mit der Domestizierung gelernt, weil er gemerkt hat, dass es in der Kommunikation mit uns Menschen gut funktioniert. Jedenfalls verstehen sich unsere noch so unterschiedlichen heutigen Hunde untereinander bestens, egal ob sie bellen, jaulen oder knurren.

Ein wissenschaftliches Experiment zeigt, dass Hunde anhand von Knurren heraushören können, welche Größe ein anderer Hund hat. In einem weiteren Experiment konnten Hunde den Unterschied zwischen einem »Ich bin allein«- und »Mir ist langweilig«-Bellen und einem »Gefahr!«-Bellen heraushören!

Hör gut zu (und schau genau!)

Nicht nur die Art des Bellens, Knurrens und Jaulens ist wichtig. Du musst auch darauf achten, wo der Hund ist und was er gerate tut, um herauszufinden, wie die Laute zu verstehen sind.

Ein Winseln oder Jaulen, das dir durchs Haus folgt, bedeutet womöglich: »Ich habe Hunger!« Kommt der gleiche Laut aber von einem Hund, der eingerollt in seinem Körbchen liegt und nicht fressen oder trinken will, bedeutet das vielleicht: »Hilf mir, ich habe Schmerzen!«

Die **Tonlage** – also wie hoch oder tief ein Bellen ist – hängt oft davon ab, wie sich ein Hund gerade fühlt. Ein allein gelassener Hund, der sich unwohl oder einsam fühlt, bellt vielleicht ziemlich hoch.

Awuuuuu!

Und dann gibt es da noch das Heulen. In der Wildnis heulen Wölfe, um mit ihrer Familie, ihrem **Rudel**, in Kontakt zu bleiben. Aber dein Nachbarshund heult wahrscheinlich eher, weil ein anderer Hund jault. Hunde imitieren einander. Manchmal heulen sie sogar bei Sirenen von Krankenwagen oder Polizeiautos mit!

Manche Hunde machen so lustige Geräusche, dass wir ihnen sogar spezielle Namen gegeben haben. Sibirischen Huskys sagt man eine gewisse Geschwätzigkeit nach, weil sie quasseln und bellen, wenn man mit ihnen spricht – als würde man sich richtig mit ihnen unterhalten.

Der Basenji, eine der ältesten Rassen der Welt, ist berühmt für sein abgehaktes Heulen, das wie Jodeln klingt, während der Neuguinea-Dingo wirklich »singt«. Seine Lieder ähneln ein wenig dem Gesang von Buckelwalen. So ist es tatsächlich in der Forschung dokumentiert!

Körpereinsatz

Wenn wir Menschen miteinander reden, nutzen wir dafür in erster Linie unsere Stimme. Bei Hunden ist das anders. Körpersprache ist wesentlich wichtiger für unsere vierbeinigen Freunde. Um »Hundesprache« zu verstehen, musst du dir den ganzen Hund anschauen – von Kopf bis Fuß. Und du musst berücksichtigen, wo er sich aufhält und was um ihn herum gerade passiert.

Ein Gähnen ist zum Beispiel nicht immer ein Zeichen von Müdigkeit. Es könnte auch Stress andeuten. Ein gähnender Hund sagt entweder: »Ich muss mich beruhigen!« oder »Beruhige dich doch bitte!« Lefzen- oder Nasenlecken kann dasselbe meinen.

Körpersprache

Stell dir zwei Hunde vor. Der eine ist gescheckt, der andere ist schwarz. Der Hund mit den Flecken saust auf den schwarzen Hund zu – und zwar direkt und zielgerade. Seiner eigenen Körpersprache nach ist der gefleckte Hund ganz schön unverschämt! Freundliche, wohlerzogene Hunde würden einen Hund nie von vorn begrüßen. Sie würden ihn umkreisen und sich dem schwarzen Hund in einem u-förmigen Radius nähern, der aussagt: »Ich respektiere deinen persönlichen Bereich!«

Je nach Situation versuchen Hunde vielleicht auch, sich selbst »größer« zu machen oder auch »kleiner« – entweder um stolz zu verkünden: »Ich werde nicht nachgeben!« Oder um sich harmlos zu geben und so mitzuteilen: »Ich möchte keinen Ärger.« Verbeugen sie sich vor einem anderen Hund, rufen sie damit: »Spiel mit mir! Los!« Wohingegen das Vermeiden von Blickkontakt besagen kann: »Lass mich bitte in Ruhe!«

Hunde deuten immer die Schwanz- und Ohren-Haltung ihrer Artgenossen. Laute sind ebenfalls wichtig: Ein kräftiges Knurren und ein angespannter Schwanz senden eine klare Nachricht: »Geh weg!«

Was ist das für ein Geruch?

Hunde sind sehr auf Gerüche fokussiert – da ist es wenig überraschend, dass Gerüche oder Düfte eine riesige Rolle bei der Kommunikation von Hunden spielen. Eine Art, wie sich Hunde begrüßen, ist das gegenseitige Riechen an den Schnauzen – also an der Nase und der Maulregion – und dann am Po des anderen. Das mag für uns ein wenig sonderbar anmuten, aber für sie klappt das ganz wunderbar!

Duftdrüsen auf beiden Seiten ihres Hinterns produzieren eine stark riechende Flüssigkeit. Der Geruch vermittelt anderen Hunden wichtige Informationen, zum Beispiel ob der Besitzer der Drüsen ein Männchen oder ein Weibchen ist, aber auch das Alter und den Gesundheitszustand. Der Geruch von Hunde-Urin »liest« sich ähnlich.

Manche Hunde markieren gerne bestimmte Stellen entlang des Weges, wobei sie diese mit Urin besprühen und so anderen Hunden mitteilen: »Das bin ich, ich war hier.« Kleinere Hunde versuchen manchmal, so weit oben wie möglich an Mauern, Bäumen und Straßenlampen zu pinkeln, um andere Hunde glauben zu lassen, dass sie größer sind!

Entschuldigung, sprechen Sie Hund?

Kann ein Hund einen Fuchs, eine Katze oder eine Ente verstehen? Die Antwort ist: Wir wissen es nach heutigem Forschungsstand noch nicht so genau. Setzt man einen Hund und eine Katze nebeneinander, ist allerdings deutlich: Irgendwie tauschen sie sich aus.

Sprechen ohne Worte

Hunde haben sich an der Seite von Menschen entwickelt, ihre Pfotenabdrücke begleiten unsere Fußabdrücke seit Jahrtausenden. Unser Band ist so eng, dass Hunde in der Lage sind, eine Meisterleistung zu erbringen, wie es kein anderes Tier kann – nicht mal Schimpansen, die engsten Verwandten des Menschen: Wenn du auf einen Gegenstand deutest, kann ein Hund der Richtung deines Fingers mit seinen Augen folgen.

Auf Fingerzeig

Die Forschung hat gezeigt: Nur wenige Tiere verstehen, dass sie in die gleiche Richtung schauen sollen, wenn ein Mensch auf etwas deutet. Zum Beispiel können das Hauskatzen, Pferde und Ziegen, die wie die Hunde seit mehreren Tausend Jahren bei den Menschen leben. Umso beeindruckender ist es, dass auch einige Wildtiere wie Delfine und Elefanten menschliches Fingerdeuten verstehen können – und das ganz ohne Übung!

Okay, das mag jetzt nicht wie ein unglaubliches Kunststück rüberkommen. Aber überlege mal: Die meisten Tiere, die Werkzeuge einsetzen, die also wie Gorillas, Schimpansen oder Krähen als sehr intelligent eingestuft werden, würden immer auf den Finger der Person schauen und nicht in die Richtung, in die gedeutet wird.

Schau!

Du merkst sofort, wie gut das mit dem Hindeuten klappt, wenn du ein Leckerchen versteckst. Der Hund wird es mit Leichtigkeit auf dein Zeichen hin finden! Für Fortgeschrittene: Und nun zeige nur mit deinen Augen hin ... ja, genau!

Die Augensprache funktioniert übrigens in beide Richtungen. Hast du schon einmal bemerkt, wie dich dein Hund anstarrt, wenn er neben der Tür sitzt? Er hofft nicht nur, dass du ihn rauslässt, er erbittet sogar ausdrücklich deine Hilfe in dieser Angelegenheit. »Lieber Mensch, machst du jetzt bitte die Tür auf?«

Beobachte deinen Hund, und du wirst sehen, dass er noch so unglaublich viel mehr zu sagen hat als das, was wir bisher besprochen haben. Dreht ein Hund seinen Kopf von dir weg? Dann ist er vielleicht gestresst. Hebt er seine Vorderpfote? Das kann ein Zeichen von Unsicherheit sein. Wenn du deinen Hund wirklich verstehen möchtest, wirst du alle Informationen zusammenfügen müssen, die sein Körper dir mitteilt: seine Haltung, seine Bewegungen, die Lautäußerungen, seine Stimmung, die Art, wie er dich beobachtet, und das ganze Umfeld, in dem er sich gerade befindet.

Vom richtigen Ton

Es ist wie bei uns Menschen: Der Ton macht die Musik. Unsere Vierbeiner mögen es offenbar, wenn wir in einer Art »Babysprache«, also einem warmen und eher hohen Tonfall, mit ihnen sprechen. Aufmerksam deuten sie sogar unseren Gesichtsausdruck und können sehr gut zwischen einem liebevollen und einem finsteren Blick unterscheiden.

Noch müssen wir die Antworten unserer Hunde selbst übersetzen, aber wer weiß? Möglicherweise gibt es irgendwann eine Computer-Technologie, die das Bellen in menschliche Sprache transformiert.

Wie schlau sind Hunde?

Lass mich dir die Border-Collie-Dame Chaser vorstellen, den laut der Zeitung *The New York Times* »klügsten Hund der Welt«. Die Hündin lebte von 2004 bis 2019 bei ihrem Besitzer, dem Verhaltenspsychologen Professor John W. Pilley, in South Carolina in den Vereinigten Staaten von Amerika.

Ihr Mensch brachte ihr bei, mehr als 1000 Spielzeuge zu unterscheiden! Und Chaser konnte sogar komplette Sätze verstehen! Wenn Professor Pilley zum Beispiel sagte: »Bring den Tennisball zum Frisbee«, dann nahm sie ganz selbstverständlich den Ball ins Maul und lief damit zur Frisbeescheibe.

Noch beeindruckender: Wenn man sie aufforderte, Gegenstände eines bestimmten Überbegriffs zu finden, also zum Beispiel der Begriffsgruppe »Ball« oder »Stofftier«, brachte sie genau diese. Darüber hinaus konnte sie zwischen beschreibenden Wörtern wie »größer«, »kleiner«, »schneller« oder »langsamer« unterscheiden.

Chaser half der Forschung, die Intelligenz von Hunden besser zu verstehen. Lange Zeit blieb im Unklaren, wie schlau unsere vierbeinigen Freunde sein können. Wir wissen heute, dass Hunde in etwa so klug sind wie zwei Jahre alte Menschen – und in mancherlei Hinsicht sogar noch schlauer!

Wuffis in Öffis

In Russlands Hauptstadt Moskau gibt es viele Hunde, die sich aufs Fahren mit der U-Bahn spezialisiert haben. Sie tragen keine Halsbänder und gehören niemandem. Erstaunlich, denn sie wissen genau, wo sie aussteigen müssen: Von den ruhigeren Randgebieten der Stadt »pendeln« sie in die Innenstadt, weil es dort mehr Futter und ab und zu auch Streicheleinheiten gibt.

Keksgedächtnis

Hunde haben ein **episodisches Gedächtnis**. Das heißt, sie können sich an Erfahrungen erinnern, die sie in der Vergangenheit gemacht haben, und auch daran, wie sie sich fühlten haben. Einige solcher Erinnerungen werden lediglich im **Kurzzeitgedächtnis** gespeichert und damit schnell wieder vergessen. Andere aber bleiben dem Hund sein Leben lang erhalten.

Alles, was mit Futter zu tun hat, kann sich der Hund besonders gut merken. Hast du deinem Hund mal einen Trick beigebracht? Den hat er bestimmt ewig behalten, oder? »Wenn ich meine Pfote jetzt genau in dieser Art hebe, bekomme ich einen Keks«, denkt er sich. Die Vorliebe von Hunden für Leckerlis ist auch im Training praktisch, wenn das Tier lernen soll, sich zu benehmen und Anweisungen zu folgen.

Hey, erinnerst du dich an mich?

Die Tatsache, dass Hunde Erinnerungen lebenslang abspeichern können, hat sich immer wieder durch Menschen bestätigt, die ihre Hunde für lange Zeit verlassen mussten. Obwohl viele Leute Angst haben, dass ihre Vierbeiner sie bei ihrer Rückkehr nicht mehr erkennen, begrüßen ihre Hunde sie schwanzwedelnd mit größter Freude. Auch nach vielen Jahren wird sich ein Hund noch erinnern!

Willkommensgrüße

Wusstest du, dass Hunde ein Gespür für die Zeit haben? Wenn du zum Einkaufen gehst, weiß dein Hund, ob du erst seit zwanzig Minuten weg bist oder schon seit zwei Stunden. Es ist wissenschaftlich belegt, dass die Menschen mit umso mehr Schwanzwedeln zu Hause begrüßt werden, je länger sie unterwegs waren.

Ich bin ich und du bist du

Du weißt ganz genau, was du siehst, wenn du in den Spiegel schaust. Das bist du! Eine Person mit Gedanken, Gefühlen, einer Seele und einem Körper, über den du bestimmst. Dieses Wissen nennt man auch »Ich-Bewusstsein«. Wenn Menschenbabys zwischen 15 und 24 Monaten alt sind, setzt dieses Bewusstsein ein: Wenn sie in den Spiegel blicken, sehen sie jetzt nicht mehr nur ein ihnen völlig unbekanntes Baby, sondern sie erkennen sich selbst in ihrem Spiegelbild.

Der Spiegeltest

Um herauszufinden, ob Kleinkinder in der Lage sind, sich selbst zu erkennen, wurde ihnen ein Aufkleber am Kopf befestigt. Sahen sie sich danach im Spiegel, versuchten diejenigen, die sich erkannten, den Aufkleber zu entfernen, da sie verstanden, dass das Gesicht im Spiegel ihr eigenes ist. Babys, die sich noch nicht erkannten, lachten ihr Spiegelbild einfach ohne weitere Reaktion an.

Der Schnüffeltest

Seit den 1970er-Jahren wird der **Spiegeltest** in der Wissenschaft auch verwendet, um herauszufinden, ob Tiere ein Ich-Bewusstsein besitzen. Schimpansen oder Orang-Utans erkennen sich selbst. Sie schauen sich ganz genau ihren Mund an, spielen mit den Lippen und tanzen herum. Elefanten, Delfine und sogar Elstern können sich ebenfalls erkennen. Ein Hund dagegen ignoriert sein Spiegelbild völlig oder bellt die fremde, flauschige Gestalt womöglich auch an.

Weil Hunde den Spiegeltest nicht bestehen, hielt sich in der Forschung fast 50 Jahre lang die Ansicht, dass Hunde kein Ich-Bewusstsein besitzen. Bis 2016, als ein Forscher einen **Schnüffeltest** entwickelte. Wir haben schon erfahren, dass Hunde die Welt mit ihren Nasen »sehen«. Könnte es sein, dass sie sich selbst dann auch über ihre Nasen erkennen?

Es stellte sich heraus: So ist es! Wenn man ihnen Proben ihres eigenen Urins vorsetzte, wovon eine mit einem zusätzlichen Duft versehen war, beschäftigten sie sich wesentlich länger mit der Probe, die verändert worden war und anders roch. Das bewies, dass sie unterscheiden konnten, welche Probe von ihnen selbst stammte und welche nicht.

Einstein auf vier Pfoten

Wir Menschen neigen zu der Annahme, dass wir uns vom Tier durch unsere Fähigkeit unterscheiden, kulturelle Dinge wie zum Beispiel Musik zu genießen. Von wegen, Hunde mögen ebenfalls Musik! Rate mal: welche Musikrichtung? Einer Studie zufolge sind das Reggae und Softrock.

Unglaublich: Matheaufgaben lösen können sie auch! Natürlich wirst du einen Rottweiler keine Gleichungen auf ein Whiteboard schreiben sehen. Aber sowohl Menschen als auch Hunde haben einen Bereich im Gehirn, der **Parietotemporaler Kortex** heißt und beim Zählen aktiv wird. Verteile eine Anzahl von Leckerchen auf unterschiedliche Näpfe – dein Hund ist in der Lage, sie zusammenzuzählen. Er wird garantiert den Napf mit den meisten Leckerchen auswählen!

Hundeträume

Hast du schon mal beobachtet, wie ein Hund im Schlaf die Pfoten bewegt? Träumt er gerade davon, wie er Hasen jagt? Oder wie er an einem heißen Sommertag in den Pool gleitet? Könnte sein! Die Forschung geht davon aus, dass Hunde von Alltagserlebnissen träumen wie wir Menschen auch. Sie haben auch Albträume! Zum Glück können wir sie beruhigend streicheln, wenn sie dadurch wach werden.

Hunde haben Gefühle

Menschen sind nicht die einzigen Lebewesen auf dem Planeten, die Gefühle empfinden können. Hunde haben genauso Gefühle – wie wir empfinden sie Freude, Angst, Liebe, Trauer und Aufregung.

Hast du mal eine Schüssel mit Käse oder Knabberzeug unbeaufsichtigt gelassen? Vielleicht warst du nur eine Minute weg, doch als du zurückgekommen bist, war die Schüssel leer ... und dein Hund hat verdächtig schuldig geguckt! Jahrelang hat man sich in der Wissenschaft gefragt, ob Hunde Schuldgefühle haben können. Die neueste Forschung bestätigt, dass Hunde einen ausgeprägten Gerechtigkeitssinn besitzen – also durchaus unterscheiden können, was richtig und was falsch ist.

Lieben unsere Hunde uns auch?

Ja, die Forschung geht davon aus. Wenn du deinen Hund liebevoll behandelst, ist es sehr wahrscheinlich, dass er dich auf seine Weise ebenfalls liebt. Für ein Experiment wurden Hunde dafür trainiert, in einem MRT-Gerät zu sitzen, einem medizinischen Scanner, der die Gehirnaktivität misst. Die Hunde bekamen einen Gegenstand ihrer Menschen zum Beschnüffeln – und sofort wurde der Teil des Gehirns aktiv, der Hunde (und auch Menschen) Gefühle wie Liebe spüren lässt!

Können Hunde lachen?

Mach mal den Test: Setze zwei Hunde nebeneinander. Lass beide ein paar Kunststücke machen. Belohne nach jedem Trick nur einen der beiden mit Leckerchen und Lob. »Das ist voll unfair«, wird der Hund denken, der keine Belohnung bekam, und er wird an deinen Händen schnuppern und schmollen. Ein Hinweis auf Gerechtigkeitsdenken bei Hunden lässt sich auch im Spiel erkennen. Wenn ein riesiger Mastiff mit einem kleinen Malteser in einem Park herumtollt, berücksichtigt der größere Hund, dass sein Spielgefährte klein ist, und rangelt ein wenig sanfter mit ihm. Das ist schließlich eine Frage der Ehre.

Über ihre Verspieltheit können Hunde uns – aber auch ihren Artgenossen – ihren Sinn für Humor zeigen. Sie rollen sich auf den Rücken, lassen ihre Zungen heraushängen und ziehen Grimassen; wir lieben ihre Albernheit und bestärken sie in diesem Verhalten. Hunde können tatsächlich lachen. Das hast du wahrscheinlich schon mal gehört! Ein Hund springt mit den Vorderpfoten nach unten, reißt das Maul auf und hechelt aufgeregt und fröhlich. »Ha ha ha!«, in Hundesprache also. In einer Hundepension wurde dieses »Lachen« sogar aufgezeichnet und über die Lautsprecher gesendet: Prompt war gute Stimmung und spürbare Entspannung, weil die Hunde das Geräusch als positiv empfanden.

Wo bist du, liebe Freundin?

Hunde können aber auch traurig sein. Nehmen wir mal an, ein Hund hatte eine Hundefreundin, die gerade gestorben ist. Bei den Mahlzeiten wird der Hund vielleicht den Kopf heben und in die Luft schnuppern. Vielleicht schnüffelt er wie besessen das Sofa, das Bett und das Körbchen ab: »Hat sie hier nicht immer geschlafen?« Obwohl Hunde – wie kleine Kinder auch – nicht verstehen können, dass der Tod etwas Endgültiges ist, macht ihr Verhalten deutlich, dass sie ihre Lieben vermissen und hoffen, dass sie zurückkommen.

Du schaust aber anders aus!

Der Komondor ist ein ziemlich einzigartiger Hund. Er ist weiß und zottelig, hat ein lappenartiges Fell und seine Augen sind unter all den Haarquasten kaum zu sehen. Jetzt schau dir den Whippet an: Sein kurzes Fell hat bräunliche Flecken, die von dunkleren Farben durchzogen sind, er hat einen geschmeidigen Körper und scharfe, wachsame Augen.

Reinrassig oder Mischling?

Bei einem **reinrassigen** Hund entstammten die Eltern derselben Rasse. Beispielsweise ist ein Welpe mit einem Dalmatiner als Mutter und einem Dalmatiner als Vater ein reinrassiger Dalmatiner. Die Eltern eines **Mischlings** sind nicht aus der gleichen Rasse. Ist seine Mutter zum Beispiel ein Dackel und sein Vater ein Deutsch Kurzhaar, sieht der Welpe möglicherweise folgendermaßen aus: kurze Beine und Punkte im Fell!

Wie ist es möglich, dass so unterschiedliche Hunde zur gleichen Spezies gehören, formal als *Canis familiaris* bekannt? Die Antwort lautet: Sie wurden in den meisten Fällen von den Menschen gezüchtet.

Du musst aber reich sein!

Eine »Rasse« ist eine bestimmte Art von Hund. Bis zu den 1800er-Jahren haben wir in Europa Hunde nach ihrer jeweiligen Rolle im Haushalt eingeordnet. Hat dein Hund Enten gejagt? Dann war er ein Jagdhund. Hat er die Schafe bewacht? Dann war er ganz klar ein Hirtenhund! Aber in den Jahren seit die britische Königin Victoria 1837 den Thron von England bestieg, änderte sich alles. Die soziale Mittelklasse erlebte einen Aufstieg und damit auch das gesellschaftliche Statusdenken der Menschen. Bist du mit einem teuren Hund an der Leine durch London gelaufen, war dir die Aufmerksamkeit sicher – und alle wussten auch gleich, dass du Geld hast!

Die vornehmere viktorianische Gesellschaft begann also, Hunde ihrem Aussehen nach zu beurteilen, nicht nach ihrer Rolle oder ihrer Aufgabe. Denn wie hätte auch sonst gleich ein jeder der feinen Leute auf der Straße gewusst, dass du unglaublich viel Geld für deinen Terrier bezahlt hast? So entstanden also die modernen Rassen.

Vom Zwerghund bis zum Gebrauchshund

Zwischen 200 und 400 Rassen sind von verschiedenen Organisationen – den sogenannten Zuchtvereinen – weltweit anerkannt. Ab und zu nehmen die Verbände neue Rassen in die Liste auf. Das ist abhängig von mehreren Faktoren wie: Wie ist das Fell des Hundes beschaffen? Wie groß oder klein ist er? Wie ist sein Körper gebaut? Anschließend wird jeder Hund in eine allgemeinere Gruppe eingeordnet, zum Beispiel in die Gruppe der Zwerghunderassen, zu denen die superkleinen Zwergspitze gehören. Oder in die Gruppe der Gebrauchshunde, wie die Sibirischen Huskys, die gerne als Schlittenhunde eingesetzt werden. Ursprünglich wurde jeder Hund mal zu einem bestimmten Zweck gezüchtet.

Jagdhunde

wurden wegen ihrer feinen Nasen und scharfen Augen gezüchtet.

Windhund

Dackel

Hirtenhunde

wurden für die Arbeit mit Bauernhoftieren gezüchtet.

Border Collie

Welsh Corgi

Zwerghunde

wurden als Familienhunde gezüchtet.

Zwergspitz

Mops

Arbeitshunde

wurden für den Einsatz als Wach- oder Rettungshunde gezüchtet.

Sibirischer Husky

Boxer

Schießhunde

wurden gezüchtet, um die Jagdbeute zurückzubringen.

Cocker Spaniel

Labrador

Terrier

wurden gezüchtet, um Schädlinge wie Ratten zu jagen.

Jack Russell

Bedlington Terrier

Gebrauchshunde

wurden für die Erledigung bestimmter Aufgaben gezüchtet.

Dalmatiner

Pudel

Zucht und Gesundheit

Mischlinge sind oft robuster als reinrassige Hunde, bei denen durch die Zucht verursachte gesundheitliche Probleme auftreten können. Das liegt daran, dass bei der Verpaarung zweier reinrassiger Hunde körperliche Schwächen der Eltern mit großer Wahrscheinlichkeit an die Welpen weitergegeben werden.

Schlimm ist es, wenn diese für den Hund oft schmerzhaften Probleme bedenkenlos durch eine **selektive Züchtung** verursacht werden, wenn die reinrassigen Welpen also noch süßer, massiger, kleiner oder größer gezüchtet werden sollen, als ihre Eltern es sind.

Das Gesicht der Englischen Bulldogge etwa wurde im Verlauf der letzten 100 Jahre viel flacher, was dazu führte, dass immer mehr Tiere dieser Rasse Schwierigkeiten beim Atmen haben. Bei Dackeln wurden die Beine kürzer und die Körper länger. Dadurch leiden immer mehr Dackel an Rückenschmerzen.

Ausnahmehunde

Alle Hunde sind besonders! Und einige noch mehr!

Der Chihuahua, der Affenpinscher mit seinem rauen Fell und der Papillon mit seinen fransigen Ohren gehören zu den kleinsten Rassen. Auf Französisch bedeutet Papillon »Schmetterling«, und wenn du dir seine flauschigen dreieckigen Ohren und dünnen Beinchen ansiehst, verstehst du auch, warum er diesen Namen bekommen hat. Milly, eine berühmte Chihuahuadame aus Puerto Rico, war zu ihrer Lebenszeit nur 9,65 Zentimeter groß – das ist kleiner als eine gängige Kaffeetasse!

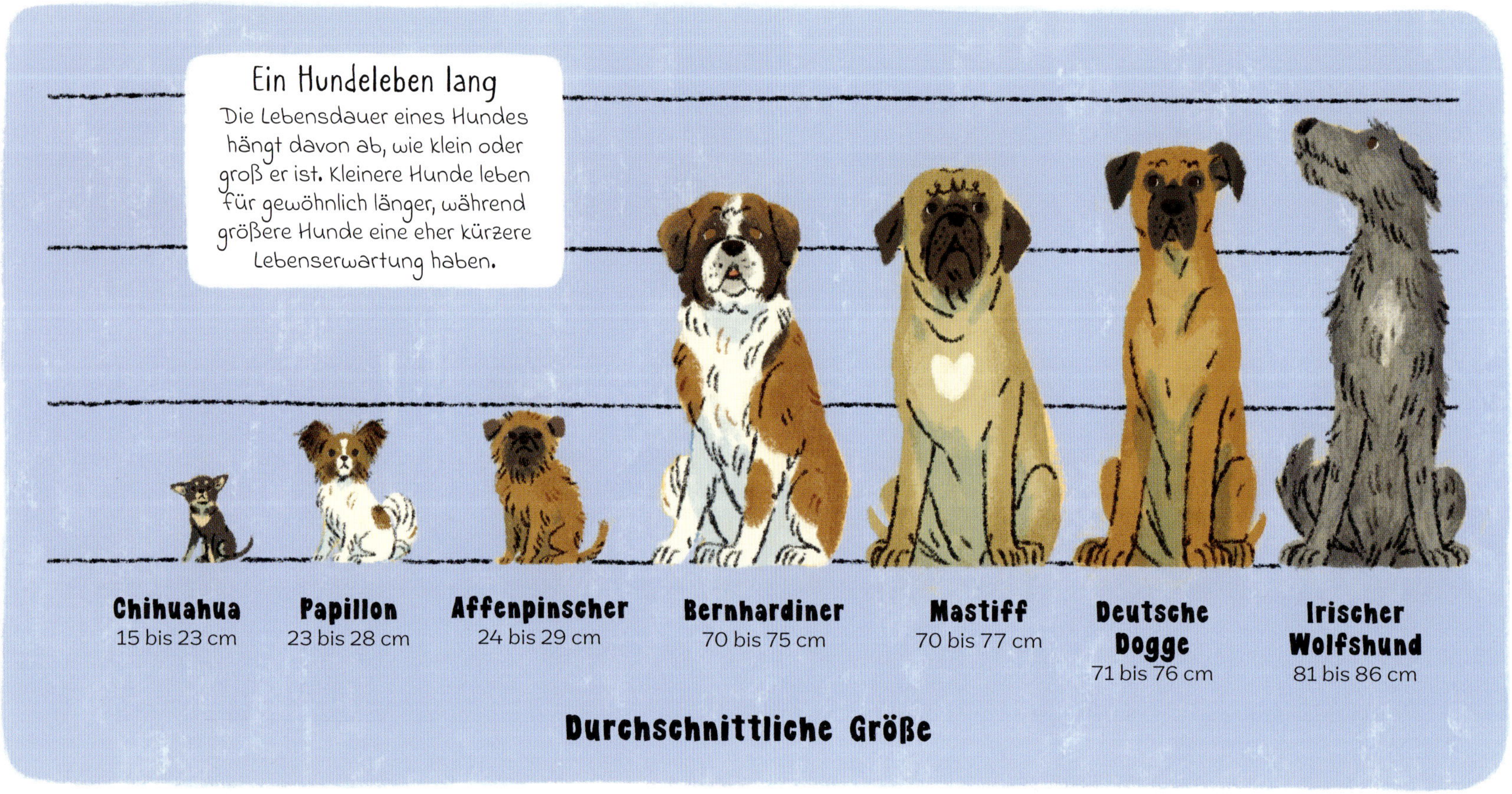

Am anderen Ende der Messlatte befinden sich die Giganten der Hundewelt: die Deutsche Dogge, der Bernhardiner und der Mastiff. Wenn es nur um die Größe ginge, könntest du mit einem Irischen Wolfshund bei jedem Tanzwettbewerb mitmachen. Denn Irische Wolfshunde erreichen eine Größe von über zwei Metern, wenn sie auf den Hinterbeinen stehen.

Ein sanfter Riese

Einer der größten Hunde, die je gemessen wurden, war eine Deutsche Dogge aus Essex in England. Von der Pfote zur Schulter maß Freddy satte 1,035 Meter. Laut einer Zeitung hat er zusammen mit seiner Doggen-Schwester außerdem ganze 26 Sofas zerkaut!

Der schnellste Hund der Welt

Windhunde, wie der Saluki und der Whippet, nutzen das Sehen als Hauptsinn bei der Jagd. Sie sind weder besonders groß oder klein, können aber extreme Geschwindigkeiten erreichen.

Das schnellste Rennpferd der Welt rannte 70,76 Kilometer pro Stunde, während der viel kleinere Windhund Geschwindigkeiten bis zu 72 Kilometer pro Stunde erreichen kann. Ließe man einen Windhund gegen einen Weltrekordhalter im Sprint bei uns Menschen laufen, wäre er fast doppelt so schnell.

Denker und Jäger

Manche Leute behaupten, dass der Border Collie die schlauste Rasse ist. Andere sehen hier den Deutschen Schäferhund oder Pudel ganz weit vorne. Aber meistens basieren solche Auflistungen auf persönlichen Meinungen und nicht auf Forschungsergebnissen. Es müssen noch viele Fragen geklärt werden, wenn es darum geht, wie wir die Intelligenz von Tieren bewerten. Es ist sehr gut möglich, dass Hunde auf eine Weise schlau sind, die wir Menschen einfach nicht verstehen!

Sehr unterschiedlich bei den verschiedenen Hunden ist der **Jagdtrieb**, das heißt, wie gerne ein Hund jagen und andere Tiere fangen möchte. Sieht ein Rhodesian Ridgeback auch nur für einen kurzen Augenblick einen flauschigen Eichhörnchenschwanz vorbeihuschen, dann hoffst du besser mal, dass du seine Leine fest im Griff hast! Der Old English Sheepdog hingegen – eine Rasse, die in früheren Zeiten dazu eingesetzt wurde, Bauernhoftiere zu Märkten zu treiben – würde wahrscheinlich nicht mal eine seiner flauschigen Augenbrauen heben.

Im Herzen jung geblieben

Sie sind die Oldies unter den Hunden: Maggie, ein Australian Kelpie, wurde laut ihres Besitzers erstaunliche 30 Jahre alt. Und Bluey, ein Australian Cattle Dog, erreichte das Alter von 29 Jahren und fünf Monaten. Es muss was Besonderes mit Australien auf sich haben!

Die ersten Hunderassen

Die Forschung ist sich uneins, welche Hunderasse die älteste ist. Manche Rassen – wie der riesige Molosser aus dem alten Griechenland und der zierliche Hare Indian Dog aus Nordamerika – sind längst ausgestorben. Andere dagegen, wie der Neuguinea-Dingo und der Australische Dingo, sind seit Tausenden von Jahren auf der Erde unterwegs.

Wenn die Leute von »alten Rassen« sprechen, meinen sie für gewöhnlich Hunde, die seit langer, langer Zeit an der Seite der Menschen leben und deren Blutlinie noch aktiv und bis heute unverändert ist.

Eine noble Rasse

Der Chow-Chow ist eine dieser alten Rassen. Die zimtfarbenen Flauschbälle tauchten erstmals zwischen 200 v. Chr. und 220 n. Chr. in China auf. Sie sind zurückhaltende Hunde mit ungewöhnlichen schwarzblauen Zungen. Alte Kunstwerke zeigen sie oft an der Seite chinesischer Adelsleute.

Der Hund des Kaisers

In der Song-Dynastie (960 bis 1279 n. Chr.) spielte ein Schoßhund mit dem Namen Taohua (Pfirsichblüte) eine sehr wichtige Rolle. Taohua klingelte mit einer Glocke an seinem Hals und bellte, um anzukündigen: »Unser Kaiser Taizong ist da!«

Ein frostig-schönes Lächeln

Und nicht zu vergessen – der Samojede aus Sibirien! Dieser Hund erschien um rund 1000 v. Chr. auf der Bildfläche. Gezüchtet wurde er von dem in Sibirien einheimischen Volk der Nenzen. Der Samojede hat schneeweißes Fell, das so dick ist, dass es ihn vor den frostigsten Temperaturen schützen kann. In einem durchschnittlichen Winter sinken die Temperaturen in Sibirien nämlich auf bis zu minus 60 Grad Celcius. Die hochgezogenen Winkel seines immerzu lächelnden Mauls fangen jeden Speichelfaden pflichtbewusst auf. Und wo keine Sabberfäden sind, gibt's auch keine Eiszapfen!

Immer unterwegs

Noch immer leben rund 41 000 Nenzen im Norden Russlands, die mithilfe ihrer treuen Hunde ihre Rentier-Herden hüten.

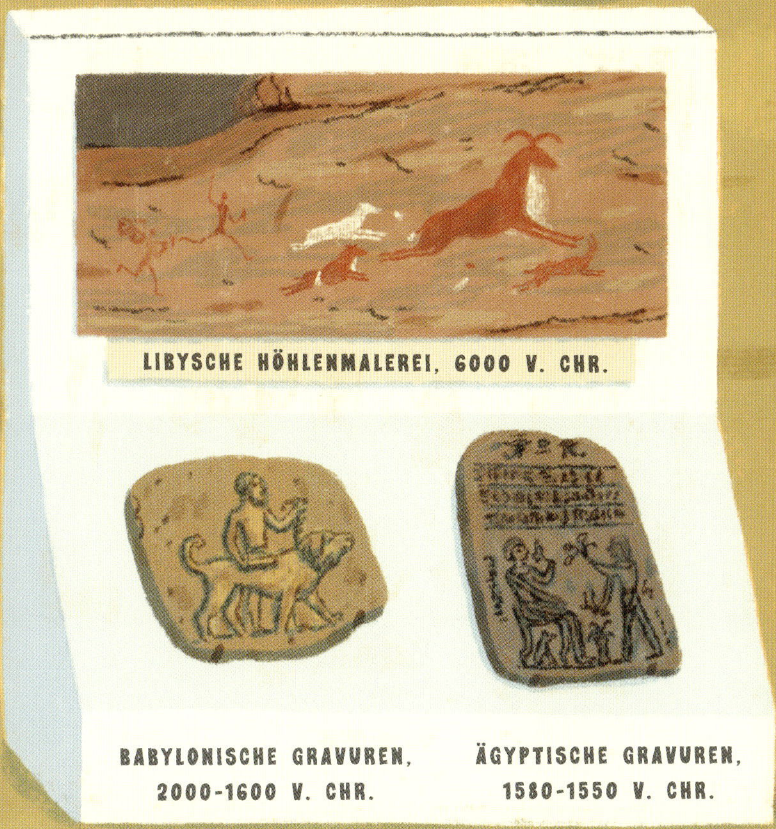

Von Jagdhunden und Schlittenhunden

Vor etwa 1000 Jahren wurde in Japan der furchtlose Akita Inu aus dem Matagi Inu gezüchtet, einem sehr viel älteren japanischen Hund. Ursprünglich wurden Akitas für die Jagd gezüchtet, aber mit der Zeit kam ihnen auch die Rolle als Wachhund zu. Um 1680 führte Tokugawa Tsunayoshi, Japans fünfter Schogun – das ist so etwas wie ein europäischer Herzog – besondere Gesetze ein, wonach es nun nicht mehr erlaubt war, Hunde grausam zu behandeln. Der Akita bewachte nun nicht länger gewöhnliche Häuser und Höfe, sondern schützte das Zuhause der Adeligen und Samurai-Krieger. Manche Hunde hatten sogar ihre eigenen Diener!

Der Alaskan Malamute, ein vor Kraft strotzender Hund, der als Schlittenhund von den Einheimischen in Alaska gezüchtet wurde, erschien um 2000 v. Chr. auf der Bildfläche. Aus der gleichen Zeit tauchten in Afghanistan Höhlenmalereien auf, die den Afghanischen Windhund mit seinen langen Haaren und dem geschwungenen Schwanz zeigen. Höhlenmalereien aus Libyen von 6000 v. Chr. bilden Hunde ab, die dem jodelnden Basenji (du erinnerst dich?) aus dem zentralen Afrika ähneln.

Die allererste Rasse

Ziemlich wahrscheinlich ist der Saluki die älteste Hunderasse überhaupt. Vor fast 6000 Jahren wurden Abbildungen von Salukis, so wie wir sie heute auch kennen, in Mesopotamien (dem heutigen Irak) in Steine oder in Schmuck eingraviert. Um 2100 v. Chr. galten sie als die offiziellen königlichen Hunde Ägyptens und zieren bis heute in Form von Gravuren und Gemälden Tische und Grabstätten.

Rassen aus alten Zeiten

Der Karelische Bärenhund, bekannt für sein außergewöhnliches Jagdtalent, streift am Rande eines Wikingerdorfes umher. Er spürt kleine Lebewesen wie Eichhörnchen auf, aber auch größere Tiere wie Elche, Luchse und sogar Braunbären!

Für die Wikinger – die von ihrer Heimat im heutigen Dänemark, Schweden und Norwegen aus vor etwa 1200 bis 970 Jahren Europa und die Welt bereisten – waren Hunde wichtige und enge Begleiter. Die Wikinger nahmen ihre Haus- und Arbeitstiere mit auf ihre Reisen.

Bärenschreck

Heute helfen Karelische Bärenhunde den Bären sogar! Sie werden dazu ausgebildet, Bären von unsicheren Orten zu verscheuchen, wie zum Beispiel Müllhalden, an denen sie Menschen oder auch sich selbst Schaden zufügen könnten. In Alaska in den Vereinigten Staaten von Amerika spüren diese Hunde mit ihren Nasen die Höhlen von Eisbären auf, was den Menschen hilft, deren Lebensräume zu schützen.

Der Kanaan-Hund

Vor Kurzem haben Archäologen wohl das älteste Kunstwerk mit Abbildungen von Hunden gefunden, das je entdeckt wurde. Die abgebildeten Jagdszenen – die über 9000 Jahre alt sein dürften – wurden in Felsplatten im heutigen Saudi-Arabien eingraviert und zeigen die wilden Vorfahren des Kanaan-Hundes.

Der Kanaan-Hund kommt sogar in Geschichten aus der christlichen Bibel vor. Schon vor 2000 Jahren wanderte er durch das »Land Kanaan«. Nach Jahrhunderten an der Seite der Menschen verwilderte er jedoch offenbar wieder. Solche halbwilden Hunde, die selbstständig am Rande der menschlichen Gesellschaft leben, bezeichnet man als »Pariahunde«.

Erst in den 1930er-Jahren wurden diese Pariahunde wieder eingefangen und zu Wachhunden ausgebildet, für die Suche nach verwundeten Soldaten und zum Aufspüren von Landminen.

Der Schottische Hirschhund (Deerhound)

Schottische Hirschhunde wurden in Schottland für die Jagd eines Tieres gezüchtet, das genauso wendig und flink ist wie sie selbst: des Hirschs.

Um 1500 verliebten sich schottische Edelleute in diese stattliche Rasse, was ihm den Titel »Königlicher Hund von Schottland« einbrachte. Der Schottische Hirschhund war besonders in den Highlands beliebt, wo bis ins späte 17. Jahrhundert sehr viel Rotwild durch die Lande streifte. Danach kam der große Hund aus der Mode.

Nachdem sie fast ganz von der Bildfläche verschwunden war, wurden um 1800 Versuche zum Erhalt dieser gigantischen, strubbeligen Rasse gestartet. Doch bis heute ist der Schottische Hirschhund eher selten.

Das Italienische Windspiel

Du hast vielleicht schon auf alten Gemälden entdeckt, dass der kleinere Cousin des Hirschhundes – das Italienische Windspiel – gerne in der Nähe von Adelsleuten herumliegt. In der Renaissance – einer Kulturepoche, die ungefähr vom 15. bis zum frühen 17. Jahrhundert dauerte – konnten die Leute nicht genug kriegen von diesen kleinen Hündchen. Mit ihrem zarten und eleganten Aussehen waren sie die perfekten Schoßhunde für edle Damen und Königinnen.

Das Italienische Windspiel Zemira war das Lieblingshaustier von Katharina der Großen, die im 18. Jahrhundert Zarin von Russland war.

Seltene Hunderassen

Golden Retriever, Labradore, Möpse und Pudel sind leicht zu erkennen und kommen überall auf der Welt vor. Andere Hunderassen dagegen sieht man deutlich weniger oft. Sie nennt man »seltene Rassen«, weil es einfach nur wenige ihrer Art gibt.

Papageientaucher-Jäger

Mit seinen sechs Zehen an jeder Pfote kann der Norwegische Lundehund sehr geschickt über vereiste Felsen klettern und Papageientauchern nachspüren, die ihre Nester im Boden verstecken oder ihre Eier tief zwischen den Klippen verstecken. »Lunde« bedeutet »Papageientaucher« auf Norwegisch.

Eine der bemerkenswertesten Fähigkeiten des Lundehunds ist, dass er seine Ohren komplett verschließen kann, um sie vor Wasser und Dreck zu schützen. Sehr praktisch für einen Hund, der bei der Jagd auch viel buddeln muss!

Als Papageientaucher im 19. Jahrhundert unter Schutz gestellt wurden, starb der Lundehund als Rasse fast aus und überlebte nur, weil er noch in kleiner Anzahl auf einer einsamen Insel vorkam. Heute werden die Hunde in ihrer Heimat als Nationalsymbol verehrt und lassen sich sogar auf Briefmarken finden.

Ohne Fell geht's auch

Anders als andere Hunde hat der Peruanische Orchideenhund, auch Peruanischer Nackthund genannt, oft überhaupt kein Fell. Der Nationalhund von Peru streunt seit ungefähr 750 n. Chr. durch die Lande.

Manche Leute nennen sie *perros floras* oder »Blumenhunde«, weil eine Legende besagt, dass sie von frühen europäischen Entdeckern in einer peruanischen Höhle gefunden wurden, die voller Orchideen war. Die Haut ohne Fell fühlt sich beim Kuscheln superwarm an. Die einheimischen Inka wussten diesen Vorteil sehr gut zu nutzen und schmiegten sich nachts an ihre Hunde. Sie setzten sie aber auch für die Jagd oder als Botenhunde zwischen den Dörfern ein.

Keine Wonne in der Sonne

Heute gibt es nur noch sehr wenige Peruanische Nackthunde. Solltest du mal das Glück haben, einen zu treffen, biete ihm unbedingt einen Platz im Schatten an. Denn auch Hunde können einen Sonnenbrand kriegen – und besonders, wenn sie kein Fell haben!

Dingos

Der Carolina Dog – auch als »American Dingo« bekannt – hat viele Spitznamen. Er wird auch »Sumpfhund«, »Yellow Dog« oder »Yeller Dog« genannt – wobei man »yellow« mit einem südamerikanischen Akzent ausspricht.

Dingos jagen durch die Kiefernwälder an der Grenze zwischen Georgia und South Carolina in den Vereinigten Staaten von Amerika. Die Hunde mit den angelhakenförmigen Schwänzen wurden erst in den 1970er-Jahren entdeckt. Obwohl er wahrscheinlich schon mit den ersten menschlichen Siedlern vor ungefähr 14 000 Jahren in Nordamerika ankam, konnte sich der Carolina Dog Tausende Jahre lang direkt vor unserer Nase in den Sümpfen zwischen den Zypressenbäumen verstecken!

Die Feinschmecker-Nase

Wenn es um feine Näschen geht, solltest du den Lagotto Romagnolo kennen. Hast du schon Trüffel probiert? Das ist ein richtig teurer Speisepilz, der in der Erde wächst – und der Lagotto Romagnolo, ein Hund mit lockigem Fell und ein begnadeter Schnüffler, ist ein Ausnahmetalent darin, ihn zu finden.

Teurer Geschmack

Die teuerste Trüffel ist die weiße Trüffel aus Italien. Sie ist auch am schwierigsten zu finden und genau deswegen so wertvoll.

Eine Welt voller Hunde

Hunde schnüffeln, bellen und spielen überall auf der Welt – von der Insel Madagaskar bis zum äußersten Rand Grönlands. Auf der Erde gibt es fast 900 Millionen von ihnen!

Ein Mitglied der Familie?

Wie Menschen Hunden heute gegenüberstehen, ist von Land zu Land verschieden. An manchen Orten leben Hunde eher als Wachhunde oder Gebrauchshunde bei Familien und nicht als Haustiere. Sie schlafen auch nicht im Haus. Andernorts streifen wilde Hunde frei auf den Straßen umher, und Tollwut – eine Krankheit, die durch Hundebisse übertragen wird – kann zu einer echten Gefahr werden. Deswegen haben dort viele Leute Angst vor Hunden.

In anderen Ländern wiederum sehen die Menschen ihre Hunde nicht nur als Haustiere an, sondern als Familienmitglieder. Manchmal bekommen sie sogar Menschennamen, wie zum Beispiel »Emma« oder »Max«, und in den öffentlichen Parkanlagen dürfen sie mit oder sogar ohne Leine unterwegs sein. Streuner kommen eher selten vor, und alle Haustiere müssen gechipt werden, damit man sie ihren Menschen zuordnen kann, wenn sie mal verloren gehen.

Wer ist der Liebling?

Die beliebtesten Hunderassen der Welt, wenn man danach geht, wie oft sie gehalten werden, sind der Labrador und der Deutsche Schäferhund. Golden Retriever, Französische Bulldoggen, andere Bulldoggen-Arten, Beagle und Pudel kommen knapp dahinter.

Aber die Liste der Lieblingsrassen ist in jedem Land anders! Wenn du mit deiner Familie in Bhutan lebst, wird dein Haus vielleicht von einer Tibetdogge bewacht.

Wuff! Meong! Bow!

Vielleicht denkst du, dass Hunde »Wuff!« oder »Wau, wau!« sagen? Aber die Übersetzung von Hundegebell ist von Land zu Land verschieden. Hunde bellen »Meong, meong« in Korea, »Bow, bow« in Indien und »Ham, ham« in Albanien.

In anderen Teilen der Welt sehen manche Leute Hunde schon immer als »schmutzige« Tiere an, das hat oft religiöse Gründe. Aus anderem Grund wurden Hunde ab 1924 sogar für 60 Jahre aus Reykjavík – der Hauptstadt Islands – verbannt, weil man so verhindern wollte, dass Hunde ihre Menschen mit einem gefährlichen Bandwurm ansteckten.

Doch insgesamt betrachten auf der ganzen Welt immer mehr Menschen das so vielseitig nützliche und zugewandte Tier als unverzichtbaren Gefährten und Freund.

Im Vereinigten Königreich liebt man die Französische Bulldogge. Und in Afghanistan? Rate mal! Dort ist man in den Afghanen vernarrt.

In jeder Sprache gibt es ein eigenes Wort für »Hund«. Im Niederländischen würde man sagen, dass da gerade ein »Hond« ein Loch im Garten buddelt. Auf Thai läuft ein »hma« am Ende der Leine. Und bei den Maori bettelt ein »Kuri« unter dem Tisch um Futter.

Hunde der frühen Geschichte

Womöglich hast du schon mitbekommen, dass die Katze im alten Ägypten hochverehrt wurde. Aber wusstest du auch, dass Hunde genauso angesehen waren? Tatsächlich nahmen viele ägyptische Gottheiten die Gestalt hundeähnlicher Wesen an.

Nehmen wir zum Beispiel Seth, den Kriegsgott. Er wird oft als rötliche Gestalt mit langen Haaren und mit großer Ähnlichkeit zu einem Hund dargestellt. Oder sieh dir Wepwawet an, einen Schakalgott, der den Toten half, den Weg ins Jenseits zu finden.

Noch berühmter ist Anubis, der Gott des Jenseits und der **Mumifizierung**, einer rituellen Prozedur, bei der ein toter Körper für das Leben nach dem Tod vorbereitet wird.

Seth

Wepwawet

Im alten Ägypten streiften wilde Hunde ganz frei herum. Manchmal gruben sie die Toten einfach wieder aus, was natürlich problematisch war. Von allen Tieren ist der Schakal am besten in der Lage, wilde Hunde zu vertreiben. In der Forschung sieht man hierfür den Grund, warum Anubis als schwarze, hundeähnliche Kreatur abgebildet wurde. Sein dunkles Fell steht sinnbildlich sowohl für den fruchtbaren Boden rund um den Nil als auch für die Farbe des Todes.

Anubis

Auf geht's, Tapfere!

Für uns heute ist der Anblick ganz normal: Ein Mann geht mit seinem Hund an der Leine Gassi. Erstaunlicherweise war das auch schon im alten Ägypten üblich. Das bestätigt eine Grabmalerei aus dem Jahr 3500 v. Chr.

Leinen wurden normalerweise aus Leder oder mit Seilen aus **Papyrus** hergestellt – einer Schilfpflanze, welche im alten Ägypten auch zur Herstellung einer Frühform von Papier verwendet wurde. Die allerersten Leinen und Hundehalsbänder wurden aber wahrscheinlich von einem anderen antiken Volk erfunden: den Sumerern. Sie lebten dort, wo sich heute der Irak befindet.

Die Hundehalsbänder geben uns wunderbare Einblicke in die damals übliche Namensgebung, weil der Name des Hundes oft in das Leder eingeprägt war. Würdest du mit einer Zeitmaschine zurückreisen, könntest du jetzt wahrscheinlich einen alten Ägypter irgendwo am Flussufer in etwa so nach seinen Hunden rufen hören: »Hierher, Tapfere!« »Komm, Nordwind!«

Wie man noch heißen kann

Columella, ein Schriftsteller im Römischen Reich, schlug andere Rufnamen für den Hund vor. Wäre »Tiger« nicht eine gute Idee? Oder »Wölfin«? Der Malteser war eine beliebte Hunderasse im alten Rom, wo Hunden sowohl die Rolle als geliebtes Haustier als auch als Wächter zukam. »Cave Canem«, warnt eine Inschrift auf Mosaikfliesen direkt vor der Haustür eines Gebäudes in Pompeji. Was das heißt? »Hüte dich vor dem Hund.« Die Fliesen sind über 2000 Jahre alt!

Ein weiser Rat

Im alten Griechenland und im alten Rom beschützten Hunde ihre Menschen und deren Ländereien und Nutztiere. Varro, ein antiker römischer Schriftsteller aus dem Jahr 37 v. Chr., riet den Hirten, sich einen weißen Hund zuzulegen. Weißes Fell sei nämlich bei Sonnenuntergang auf den Weiden viel besser zu erkennen!

Zeitzeugen der Weltgeschichte

Hunde waren schon früher so wichtig, dass sie in Geschichten und Kunstwerken überall auf der Welt vorzufinden sind – vom alten China und Griechenland bis zu den Maya und Azteken.

Skulptur der Maya

Antike griechische Vase

Skulptur aus dem alten China

Hunde in der Kunst

Italienische Windspiele liegen zu Füßen von Mitgliedern des Königshauses. Cavalier King Charles Spaniels dösen gemütlich auf den Schößen von Königinnen. Ab dem 16. Jahrhundert tauchten Hunde regelmäßig auf den Porträts der Reichen und Adeligen auf.

Farbenfrohe Ölgemälde über Kaminfeuern zeigen oft eine reiche Familie mit ihrem treuen Hund. Mal beobachtet der Hund die Kinder, mal posiert er gedankenvoll für das Gemälde, während seine Barthaare mit feinsten Pinselstrichen der künstlerischen Hand festgehalten wurden. In einem sehr bekannten Werk des Künstlers Anthonis van Dyck von 1637, das jetzt in Besitz der britischen Königsfamilie ist, sind die ältesten Kinder des englischen Königs Charles I. abgebildet. Aber der Star des Gemäldes ist ganz klar ein gigantischer Mastiff: Mit seinem goldenen Halsband und seiner beeindruckenden Größe steht er im Mittelpunkt.

Argos, guter Junge!

Auch vor dem 16. Jahrhundert tauchten Hunde in Kunstwerken und Geschichten, Theaterstücken und Büchern auf. Wir haben uns bisher angesehen, welche Rolle Hunde im alten Ägypten und Rom gespielt haben. Lasst uns jetzt noch einmal auf die antiken Griechen zurückkommen. Griechische Dichter haben lange Gedichte verfasst, die von willensstarken Helden, epischen Reisen und ja, auch von Hunden handelten! Das Heldengedicht *Odyssee* von Homer wurde das erste Mal wohl um 725 – 675 v. Chr. erzählt. Darin beweist Odysseus' Hund Argos wahre Treue, indem er Odysseus selbst nach Jahren der Abwesenheit immer wiedererkennt und ihm seine Liebe zeigt.

Nana, die Neufundländerin

Ein wesentlich neueres Beispiel für einen wirklich liebenswerten Hund in der Literatur ist Nana – eine Neufundländerhündin, die auf drei kleine Kinder aufpasst. Nana wurde dem Publikum 1904 im Theaterstück *Peter Pan* vorgestellt, geschrieben vom schottischen Autor J. M. Barrie.

Bei der Jagd

Die Jagd war in allen Zeiten ein sehr beliebtes künstlerisches Motiv. Es gibt mittelalterliche Darstellungen (das Mittelalter dauerte von etwa 500 n. Chr. bis ins 15. Jahrhundert) von Windhunden, die ihrer Beute folgend durch die Landschaft sprinteten. Wir sehen hier Hunde bei der Arbeit: schnüffelnd und aufmerksam ihre Pfote hebend. Solche wunderbare Szenen sind sogar auf Wandteppichen zu bewundern, riesigen gewebten Stoffbahnen. Faszinierend!

Kleine Hundegalerie

Das Gemälde *Die Jäger im Schnee* des niederländischen Malers Pieter Bruegel der Ältere von 1565 ist ein großartiges Beispiel einer Hundedarstellung aus der Renaissance. Darauf folgt ein Rudel mit eingeklemmten Ruten drei Jägern. Die Jagdbeute ist wohl entwischt – und offensichtlich sind die Hunde ziemlich traurig darüber!

Ein **Stillleben** ist eine bestimmte Art von Abbildung, auf der Gegenstände angeordnet sind.

Das können Früchte, Blumen, Tassen und Trink- oder Weingläser sein. Und manchmal gesellen sich eben auch Hunde dazu! Das Gemälde *Stillleben mit drei Hündchen* des französischen Künstlers Paul Gauguin von 1888 zeigt normale Stillleben-Objekte wie Birnen und Kelche, im Hintergrund allerdings trinken drei kleine Welpen Wasser aus einer Küchenpfanne.

Der spanische Künstler Pablo Picasso hatte einen Dackel namens Lump, den er oft in seinen Werken verewigte. Die mexikanische Künstlerin Frida Kahlo, die für ihre Selbstporträts bekannt war, bezog ebenfalls einen ihrer Nackthunde, El Señor Xolotl, in ihre Bilder ein.

Hundelegenden

Überall auf der Welt erzählen viele Geschichten von Hunden und Wölfen. So zum Beispiel von Xolotl, einem Gott der Azteken.

Xolotl wurde oft als Mann oder Skelett mit dem Kopf eines Hundes dargestellt und war der Gott des Blitzes, des Todes und des Feuers. Seine Aufgabe bestand darin, die Toten in die Unterwelt zu führen.

Der Hund von König Artus

In vielen alten Geschichten wurden die Hunde von Heldinnen und Königen oft selbst zu Legenden. Ein Beispiel ist Cavall, der treue Hund von König Artus, einem sagenhaften britischen Herrscher, um den und seine »Ritter der Tafelrunde« sich zahlreiche mittelalterliche Legenden ranken.

Niemand ist sich ganz sicher, wie Artus' großer Hund ausgesehen hat, aber er könnte ein Molosser oder eine andere riesige Jagdhunderasse gewesen sein. In der Legende waren Cavall und der König auf der Jagd. Der Hund hinterließ einen riesigen Pfotenabdruck im Stein, als er einen gigantischen Eber verfolgte. Er war unerschütterlich loyal und rettete König Artus in zahlreichen Abenteuern vor Gefahren.

Nicht zur Nachahmung empfohlen

Da Hunde Teil so vieler alter Legenden sind, ist es wenig überraschend, dass sie auch im Aberglauben eine große Rolle spielen. Stell dir vor, du bist im alten Ägypten oder vielleicht im antiken Griechenland. Du stolperst über einen heruntergefallenen Ast und schlägst dir das Knie auf. Autsch! Weißt du, was bei der Heilung helfen soll? Gemäß dem Aberglauben dieser Zeit solltest du deine Wunde von einem Hund ablecken lassen!

Die Chimú – ein südamerikanisches Volk, das noch vor den Inka in Peru lebte – glaubten wie auch die Inka, dass der Speichel eines peruanischen Orchideenhunds alles heilen würde, von Schnitten bis hin zu steifen Gelenken. Heutzutage wissen wir allerdings, dass man absolut **niemals** einen Hund oder ein anderes Tier eine offene Wunde ablecken lassen darf! Ein Hundemaul ist voller Bakterien und kann eine Wunde sehr viel schlimmer machen.

Viel Glück damit!

Sagst du manchmal »Guten Morgen«, wenn du eine Elster siehst? Oder vermeidest du es, unter einer Leiter durchzugehen, wenn du eine auf der Straße stehen siehst? Dieses Verhalten wird als **Aberglaube** bezeichnet: Damit ist die Annahme gemeint, dass bestimmte Handlungen oder das Unterlassen bestimmter Dinge Glück oder Unglück bringen.

Ein >>glücklicher<< Fehltritt

Ein Aberglaube, der sich bis heute gehalten hat, stammt aus Frankreich. Paris, die Hauptstadt von Frankreich, ist weltberühmt für seine wunderschönen Parks und malerischen Boulevards. Jedoch räumen manche Leute nicht den Haufen weg, wenn ihre Hunde ihr Geschäft an öffentlichen Orten erledigen. Das kommt wohl in jedem Land vor, in dem es viele Hunde gibt.

Aber keine Sorge, falls du aus Versehen in Hundekot trittst! Die Einheimischen dort werden dir nämlich erzählen, dass es Glück bringt, wenn du mit deinem linken Fuß in einen Hundehaufen steigst.

Hunde an die Macht!

Ein »Amtsträger« oder eine »Würdenträgerin« ist ein Mensch, der viel Macht besitzt. Für gewöhnlich ist so jemand in der Politik oder einer sonstigen führenden Position. Im Laufe der Geschichte hatten viele dieser Menschen einen Hund an ihrer Seite.

First Dogs

Die Präsidenten der Vereinigten Staaten von Amerika sind auffällig hundevernarrt. Schon der allererste Präsident, George Washington, hielt sich Foxhounds während seiner Amtszeit. Und diese traditionelle Hundeliebe hat bis heute Bestand. Tatsächlich hatten bisher ungefähr zwei Drittel der Präsidenten Hunde bei sich im Weißen Haus.

Wusstest du, dass die Ehefrau oder der Ehemann des Präsidenten oder der Präsidentin der Vereinigten Staaten als »First Lady« oder »First Gentleman« bezeichnet werden? Deswegen ist es natürlich auch sinnvoll, dass ihre Vierbeiner »First Dogs« genannt werden! Tatsächlich waren Bo und Sunny, die beiden Portugiesischen Wasserhunde von Präsident Obama, so beliebt, dass sie eigene Terminkalender für öffentliche Auftritte hatten.

Die Corgis von Königin Elizabeth II.

Königin Elizabeth II., die Monarchin mit der längsten Regentschaft in der englischen Geschichte, war auch für ihre Hundeliebe, insbesondere für Welsh Corgis, bekannt. Ihr erster Corgi Susan wurde ihr zum 18. Geburtstag geschenkt. Sie vergötterte sie so sehr, dass sie Susan sogar unter Decken versteckte, um sie heimlich in die Flitterwochen mitnehmen zu können!

Von königlichem Blut

Jeder Corgi, den Königin Elisabeth II. von England aufzog, stammte von ihrem allerersten Hund ab, der Corgi-Dame Susan.

Seite an Seite

Erzählungen nach hatte Simón Bolívar – ein General und Politiker aus Venezuela, der von 1783 bis 1830 lebte – seinen geliebten Hund fast immer an seiner Seite. Kannst du dir denken, warum Bolívar seinen Hund Nevado genannt hat? Auf Spanisch bedeutet das »verschneit«, und die weißen Teile in Nevados geflecktem Fell leuchteten weiß wie Schnee.

Bolívar und Nevado waren so enge Freunde, dass sie sogar gemeinsam gegen die spanische Kolonialherrschaft in den Kampf zogen. So ließ der treue Nevado 1821 schließlich auch sein Leben auf dem Schlachtfeld.

Meine Stimme hast du!

Im Laufe der Jahre haben Hunde von Präsidentinnen und Premierministern auf der ganzen Welt die Herzen der Menschen ihres Landes erobert. Vollkommen unabhängig übrigens von der politischen Ausrichtung ihrer Besitzer.

In Irland tun sich seit Jahren die Berner Sennenhunde von Präsident Higgins auf liebenswerteste Weise hervor: Die beiden Rüden Misneach und Bród unterbrechen einfach Fernsehauftritte und Fotoshootings ihres Menschen, um unbekümmert Streicheleinheiten einzufordern.

Einige Hundert Kilometer südöstlich wiederum hat der schwarze Labrador-Griffon-Mischling Nemo, der Hund von Frankreichs Präsidenten Emmanuel Macron, für Schlagzeilen gesorgt. Er pinkelte während eines wichtigen Treffens mit elegant gehobenem Bein in den Kamin!

In der ersten Hälfte des 20. Jahrhunderts hielt sich der kanadische Premierminister William Lyon Mackenzie King ein paar Irische Terrier. Den ersten nannte er Pat. Den zweiten auch. Und den dritten ... auch!

Hunde im Krieg

Wenn der Mensch in den Krieg zieht, ist leider auch der Hund nicht weit. Definitiv ein furchteinflößender Ort für sensible Ohren und Nasen, der einer besonderen und intensiven Ausbildung bedarf. Hunde und andere Tiere leisten in Militäraktionen unter Einsatz ihres Lebens Unglaubliches für den Menschen.

Sergeant Stubby

Im Jahr 1917, als der Erste Weltkrieg in Europa tobte, fand ein junger amerikanischer Soldat namens Robert Conroy einen einsamen, pummeligen Welpen, der auf das Übungsgelände geraten war, wo seine Einheit trainierte. Conroy verliebte sich sofort in den kleinen Kerl. Er nannte ihn »Stubby«, das heißt auf Englisch so was wie »kurz und dick«. Der intelligente kleine Hund lernte schnell eine Vielzahl an Tricks, einschließlich eines Hunde-Saluts: Er konnte die Pfote zum Soldatengruß an sein Köpfchen halten.

Als Robert die Vereinigten Staaten von Amerika verlassen sollte, um in den Krieg nach Europa zu ziehen, brachte er es nicht übers Herz, Stubby zurückzulassen. Also schmuggelte er ihn unter seiner Jacke auf das Schiff und versteckte ihn in einem Kohlenfass. Als ein Offizier den blinden Passagier entdeckte, beeindruckte Stubby ihn mit seinem Hunde-Salut. Der Rest ist, ganz wörtlich, Geschichte.

Der Terrier-Mischling wurde zu einer Art Maskottchen für Roberts Division. Mit seiner Supernase erschnüffelte er Gasangriffe und lief dann durch die Schützengräben, bellte und zwickte die Soldaten, um sie zu warnen. Da näherte sich ein feindlicher Soldat? Er verfolgte den Eindringling und hielt ihn auf, bis Hilfe kam. Todesmutig suchte er das Schlachtfeld nach verletzten Soldaten ab.

Als Stubby im Einsatz einmal verwundet wurde, verbrachte der Hund die meiste Zeit im Krankenhaus damit, seine menschliche Kollegenschaft aufzuheitern. Für seine Tapferkeit erhielt er nach Kriegsende viele Medaillen, die er an einem für ihn extra angefertigten Mantel trug. Er wurde zudem zum »Sergeant« ernannt, das ist ein Titel, den normalerweise nur zweibeinige Mitglieder des Militärs erhalten. Stubby lebte noch bis 1926 bei seinem Freund Robert Conroy.

Hunde als Fallschirmsoldaten

Im Zweiten Weltkrieg spielten Hunde ebenfalls eine wichtige Rolle. Die **Paradogs** zum Beispiel wurden als Fallschirmspringer eingesetzt und speziell dafür ausgebildet, Minen aufzuspüren und vor dem Feind zu warnen. Einer von ihnen war Brian, ein Schäferhund-Collie-Mischling, der während des Krieges von seinen Besitzern, der Familie Fetch, an die britische Armee ausgeliehen wurde, weil sie sich sein Futter nicht mehr leisten konnten.

Dort erhielt er den Namen Bing und seine herausragende Auffassungsgabe wurde schnell offensichtlich. Mit aufwendigem Training lernten Bing und verschiedene andere Hunde, wie man mit Fallschirmen auf dem Rücken aus Flugzeugen springt.

Schließlich kam der Tag der großen Militäroperation, für die Bing trainiert hatte. Mitten in der Nacht sprangen Bing und zwei weitere Hunde zusammen mit Soldaten an Fallschirmen in die Schlacht. Obwohl sich sein Fallschirm in einem Baum verfing und er zunächst stundenlang in der Luft hing, ging Bing nach seiner Rettung sofort im Schlachtgetümmel seinen Aufgaben nach, für die er trainiert worden war.

Nach Kriegsende kehrte Bing zu Familie Fetch zurück, deren junge Tochter ihn schrecklich vermisst hatte. Er wurde außerdem mit der Dickin-Medaille ausgezeichnet – der höchsten militärischen Ehrung für Tiere in Großbritannien.

Ausgezeichnet

Mut ist nicht nur was für Hunde! Auch Tauben, Pferde und eine Katze mit dem Namen Simon haben die Dickin-Medaille schon erhalten. Jedes einzelne dieser Tiere hatte sich im Krieg als unglaublich tapfer erwiesen.

Einsatz um Leben und Tod

Stell dir vor, es ist Winter in Alaska. Es ist so arg kalt, dass das Meer zugefroren und dein Dorf mit dem Dampfer längst nicht mehr erreichbar ist. Arktische Winde fegen über die gefrorene Landschaft hinweg. Der aufkeimende Sturm ist zu bedrohlich für Flugzeuge und zu tückisch für Züge – sie wären nicht mehr sicher unterwegs. Auch für Autos ist es zu gefährlich. Und zu allem Überfluss breitet sich auch noch eine tödliche Krankheit rasant aus …

Eine gefährliche Reise

Dieser Wettlauf um Leben und Tod hat sich tatsächlich in den Vereinigten Staaten von Amerika 1925 so zugetragen. Eine hochansteckende Krankheit mit dem Namen **Diphtherie** hatte die abgelegene Stadt Nome in Alaska befallen. Das lebensrettende Medikament steckte allerdings in Alaskas Hauptstadt Anchorage fest, also über 800 Kilometer entfernt. Wie sollten die Menschen in Nome noch rechtzeitig an das Medikament kommen, um ihre kranken Kinder zu retten?

Es gab nur eine einzige Möglichkeit, das Medikament unter solch gefährlichen Bedingungen in die Stadt zu befördern: Hundeschlitten. Tatsächlich mussten sich gleich mehrere Schlittengespanne in Etappen abwechseln, um die atemberaubende Reise zu bewältigen.

Der junge Husky Balto wurde zum Symbol für Ausdauer und Tapferkeit. Er war der führende Schlittenhund im letzten Abschnitt über 89 Kilometer vereistes Land und brachte das Heilmittel durch orkanartige Stürme nach Nome. Weniger bekannt ist dagegen Togo, ein 12-jähriger Sibirischer Husky. Er bewältigte sogar 420 Kilometer Eis und Schnee, um das Medikament zurückzubringen.

Allein dank der 100 unerschrockenen Hunde und 20 mutigen Hundeschlittenfahrer wurden die Kinder von Nome gerettet. Und das alles war nur möglich, weil die Tiere so robust waren: Ausgestattet mit ihrem dicken Fell und ihren starken Muskeln, lag in ihrem Einsatz die einzige Chance, diese unglaubliche Reise über insgesamt 1085 Kilometer zu bewältigen.

Barry, der Bergretter

Es ist das erste Jahrzehnt des 19. Jahrhunderts. Auf dem Großen Sankt Bernhard, einem Pass im schweizerischen Kanton Wallis, befindet sich auf 2468 Metern Höhe ein Kloster, in dem die Rasse der Bernhardiner ihren Ursprung hat. Dort lebt bei den Mönchen auch der große Barry, der es zu weltweitem Ruhm gebracht hat.

Über 40 Menschen soll Barry in dem unwegsamen Gelände das Leben gerettet haben. Der Legende nach trug er ein kleines Fass um den Hals, das Hilfsmittel enthielt. Viele Geschichten ranken sich um den riesigen furchtlosen und fürsorglichen Vierbeiner, dem die Rasse der Bernhardiner ihren Ruhm verdankt.

Die Bernhardiner Berghunde

Wie Barry lebten etliche Hunde in jenen Tagen bei den Schweizer Mönchen, um ihren Dienst als mutige Rettungshunde in Schnee und Eis zu tun. Damals waren es noch keine Bernhardiner, wie wir sie heute kennen, sondern Mischlinge aus der Gegend, die deutlich kleiner waren.

Laika, die Weltraumhündin

Am 3. November 1957 startete die russische Weltraumkapsel »Sputnik 2« ins All. An Bord war allein die dreijährige Mischlingshündin Laika. Sie sollte das erste lebendige Wesen werden, das unsere Erde umkreist. Die Überlegung: Wenn ein Hund es schaffen kann, kann auch ein Mensch im Weltraum überleben. Und: Es war eine spektakuläre Aktion – geplant als weltweit einzigartige Werbung für das russische Raumfahrtprogramm. Laika würde den Flug nicht überleben.

Russische Wissenschaftler hatten den zutraulichen Husky-Terrier-Mix von den Straßen Moskaus aufgelesen und zur »Kosmonautin«, also Weltraumreisenden, ausgebildet. Sie lernte, sich unter lautem Geräuschpegel in einer engen Druckkapsel aufzuhalten und mit einer besonderen Vorrichtung ihr Geschäft zu verrichten. Ihr wurden Sensoren eingesetzt, um Daten über Herzschlag, Blutdruck und Bewegungen zu erhalten. Heute vermutet man, dass Laika wenige Stunden nach dem Start an Stress und Hitze starb.

Laikas Geschichte löste weltweit Proteste über den Missbrauch von Tieren im Namen der Forschung aus. Oleg Gasenko, Laikas damaliger Ausbilder und führender Raketentechniker, äußerte sich Jahrzehnte später: »Wir haben durch die Mission nicht genug gelernt, um den Tod des Hundes zu rechtfertigen.«

Treue Helden

Hunde nehmen Treue sehr ernst. Ein Golden Retriever kann den ganzen Tag lang an der Tür auf die Rückkehr seines Menschen warten. Ein Yorkshire Terrier läuft seiner Bezugsperson schon mal durch die ganze Nachbarschaft hinterher und verbellt dabei alle, die sich aus seiner Sicht ungebührlich nähern – also alle Vorbeikommenden! Manche Hunde sind so unglaublich treu, dass sie die Aufmerksamkeit der ganzen Welt erregen.

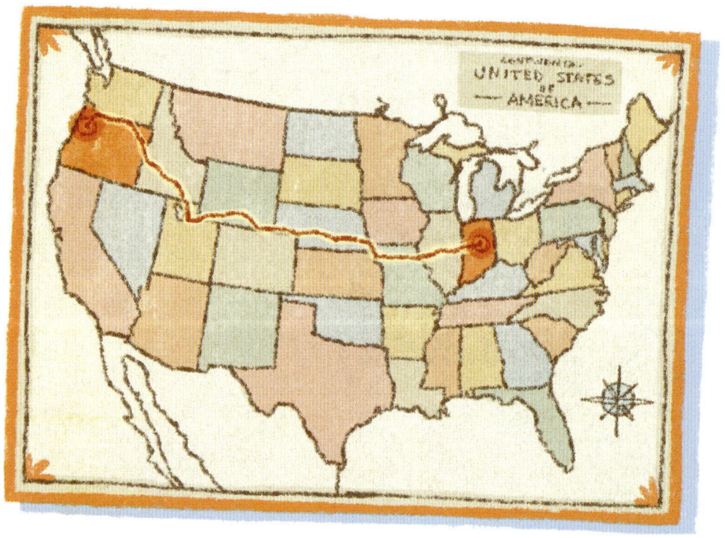

Bobbie, der Wunderhund

Bobbie war ein zweijähriger Collie-Mischling, der über 4000 Kilometer quer durch die Vereinigten Staaten von Amerika zurücklegte, um wieder bei seiner Familie zu sein. Als Frank und Elizabeth Brazier im August 1923 mit ihren beiden Töchtern in Silverton im Bundestaat Oregon ihr Auto beluden, legte sich Bobby zufrieden in den Kofferraum. Die Familie wollte Verwandte in Walcott im fernen Bundesstaat Indiana besuchen.

Als die Familie am Ziel angekommen an einer Tankstelle hielt, sprang auch Bobbie aus dem Auto und wurde von drei Hunden angegriffen und davongejagt.

Die Familie suchte tagelang nach ihrem Hund und gab die Hoffnung auf seine Rückkehr nicht auf. Doch Bobbie kam nicht, nicht am ersten, nicht am zweiten und auch nicht am letzten Tag, als sich die untröstliche Familie einen Monat später wieder auf den Heimweg nach Silverton machte. Was die Braziers nicht wussten: Bobbie war längst unterwegs! Er paddelte durch Flüsse und rutschte über Schnee und Eis der Berge – unbeirrbar bahnte er sich einen Weg durchs Land. Manches Mal hatten Einheimische Mitleid mit dem armen »Streuner«, fütterten ihn und gaben ihm Unterschlupf. Bobbie gelang es, im bittersten Teil des Winters die Rocky Mountains zu überqueren. Sechs Monate später traute Familie Brazier ihren Augen nicht!

Mit völlig abgewetzten Krallen humpelte er zurück in die Arme seiner Menschen. Die amerikanischen Zeitungen überschlugen sich! Alle berichteten über den »Wunderhund«, der sich übrigens außerordentlich über sein Willkommens-Steak zum Abendessen gefreut haben soll.

Wie in aller Welt hatte er das geschafft? Offenbar war er tatsächlich dem Geruch seiner Familie gefolgt, er war an einigen Tankstellen und Cafés ihrer Reiseroute gesehen worden. Und durch seinen treuen Willen – sehr, sehr viel davon!

Der treueste Hund aller Zeiten?

Vor etwa hundert Jahren begleitete ein Akita mit dem Namen Hachiko in Japan seinen Menschen jeden Tag zum Bahnhof. Er sah zu, wie der Mann in den Zug nach Tokio stieg, und wartete geduldig auf dessen Rückkehr nach der Arbeit. Die Ladenbesitzer fütterten Hachiko mit Leckerchen, während die Zeit verging. Eines Tages verstarb ganz plötzlich Hachikos Mensch, aber Hachiko kehrte weiterhin zum Bahnhof zurück und wartete dort auf ihn. Stunde um Stunde, Tag für Tag, fast zehn Jahre lang. Treuer geht es wohl nicht.

Rudeltiere

Eine Erklärung dafür, warum Hunde so unglaublich loyal gegenüber ihren Menschen sind, ist, dass sie **Rudeltiere** sind. Das bedeutet, dass sie in der Regel gern andere Tiere um sich haben. Sie sehen Menschen als Teil ihres Rudels an und fühlen sich bei ihnen sicher.

Die meisten Hunde lieben es zu kuscheln. Aber Achtung, natürlich nicht immer und mit jedem! Du solltest einen Hund gut kennen, bevor du ihm zu nahe kommst! (Und am besten bist du der Mensch, der ihm täglich sein Futter gibt, dann ist Kuscheln gar kein Problem.)

Hunde in der Wissenschaft

Wir Menschen feiern uns selbst gerne für unsere Fortschritte in der Wissenschaft. Hunde verdienen aber auch Anerkennung!

Eine haarige >>Erfindung<<

Auf den ersten Blick sieht er aus wie ein gewöhnlicher Afghanischer Windhund. Aber das ist Snuppy, der weltweit erste geklonte Hund. Beim »Klonen« wird dem Lebewesen eine einzelne Zelle entnommen, um mit dieser dann eine identische »Kopie« herzustellen. Seit Jahren hatte die Forschung alle möglichen Tiere geklont. Doch Hunde waren eine Herausforderung gewesen. Schließlich gelang es 2005 einem koreanischen Forschungsteam: Snuppy entstand aus einer einzigen Ohrzelle seines Vaters.

Snuppys Geburt wurde zur »Erfindung des Jahres« im TIME-Magazin gekürt. Da Hunde und Menschen viele Krankheiten gemein haben, erhofft man sich aus dieser Forschung Erkenntnisse zum Beispiel gegen Diabetes und die Parkinson-Krankheit. Snuppy selbst übrigens wurde zehn Jahre alt und Vater von zehn gesunden Welpen.

Klingelt da was?

Die Geschichte von Iwan Pawlow und seinen Hunden ist auf der ganzen Welt bekannt. Pawlow war ein russischer Wissenschaftler, der seit den 1890er-Jahren das Verhalten von Hunden untersuchte. Bevorzugt arbeitete er mit möglichst verfressenen Mischlingen. Sobald ihnen Futter vor die Nase gehalten wurde, begannen sie, Speichel abzusondern. Und jedes Mal, wenn ihnen das Wasser aus dem Maul tropfte, läutete Pawlow eine Glocke. Futter. Sabbern. Glocke. Und wieder von vorn. Bald begannen die Hunde, allein schon beim Klang der Glocke in Erwartung des kommenden Futters zu speicheln, sogar, wenn es dann gar nicht kam.

Diese Hunde haben gezeigt, dass man Tiere – und somit auch Menschen – **konditionieren** kann, um ein bestimmtes Verhalten zu bewirken. Deshalb läuft uns auch das Wasser im Mund zusammen, wenn wir in der Ferne die Glocke des Eiswagens hören.

Freuds Freund

Sigmund Freud war der österreichische Begründer der **Psychoanalyse**. Das ist eine Therapieform, bei der eine Psychologin oder ein Psychologe (das ist zum Beispiel eine Ärztin, die untersucht, wie die Leute denken und fühlen) und ein Patient oder eine Patientin beisammensitzen und miteinander reden. Der Patient spricht dann zum Beispiel über seine Träume, Wünsche und Ängste. Im Laufe der Jahre entdeckte Freud, dass sich das Gespräch viel ungezwungener und natürlicher entwickelte, wenn sein Hund Jofi in der Nähe war. Jofi, ein entspannter und freundlicher Chow-Chow, rollte sich einfach zu Füßen der Behandelten zusammen und schnarchte sanft während der Sitzung vor sich hin.

Darwins fitte Hunde

Hast du schon einmal vom »Recht des Stärkeren« gehört? Diese Worte stammen von Charles Darwin, einem englischen Biologen, der im 19. Jahrhundert lebte. Er entwickelte die **Evolutionstheorie**: Das ist die Idee, dass alle Spezies von anderen Spezies abstammen, wie zum Beispiel die Hunde von den Urwölfen. Darwins Theorie besagt, dass diejenigen Tiere überleben und mehr Nachkommen haben, die am besten an die Welt um sie herum angepasst sind. Weniger gut angepasste Tiere hingegen leben nicht so lange.

Die Evolution ist eine der bedeutendsten Erkenntnisse der Wissenschaft und wir schulden Darwins Hunden unseren Dank für ihre Mitarbeit an dieser Theorie. Polly, Spark, Pincher, Dash und Snow – das waren nur einige der Vierbeiner, die Darwin durchs Leben begleiteten. Er liebte die Jagd und verbrachte viel Zeit damit, seine Hunde dabei zu beobachten, wie sie Kaninchen nachstellten. In einer frühen Ausgabe seines Standardwerkes *Die Entstehung der Arten* schreibt Darwin über den Greyhound, eine große Windhundrasse, dass alles an diesem perfekt darauf abgestimmt zu sein scheine, Beute zu jagen.

Hunde im Rampenlicht

Was macht einen Filmstar aus? Sein Gang? Sein Blick? Oder gar seine Stimme?

Vom Waisen zum Filmstar

Ein Filmstar wird von den Kameras geliebt und erobert die Herzen des Publikums im Sturm. Über dieses Talent verfügte auch Rin Tin Tin – ein zufällig aufgelesener Deutscher Schäferhund, der zum Hollywoodstar wurde. »Rinty«, wie Freunde und Familie den außergewöhnlichen Vierbeiner nannten, war wahrscheinlich der berühmteste Hund, der jemals die Filmleinwand erobert hat.

Rin Tin Tin wurde während des Ersten Weltkriegs geboren. Ein amerikanischer Soldat fand den Welpen in einem verlassenen Hundezwinger in Frankreich. Er rettete ihn und seine Schwester Nanette und brachte die beiden Hunde in die Vereinigten Staaten. Zu Hause in Los Angeles begann er dann schließlich, Rinty für Filmrollen zu trainieren.

Rin Tin Tin sprang, fetzte und bellte sich durch 27 Hollywood-Filme. Am Ende seiner Karriere verdiente er deutlich mehr als ein Großteil seiner menschlichen Konkurrenz. Filmleute betonen zudem gerne, dass er ein »echter Schauspieler« gewesen sei: ausdrucksstark, athletisch und für jede Actionszene zu haben. Wenn man den Gerüchten Glauben schenkt, galt Rin Tin Tin sogar als Favorit in der Kategorie »Bester Schauspieler« bei der allerersten Vergabe der »Academy Awards«, auch bekannt als »Oscars«. Wen wundert's? Welcher menschliche Schauspieler könnte schon so überzeugend mit Wölfen »kämpfen«?

Lassie – ein Hund im Rampenlicht

Als Nächstes war Lassie an der Reihe, die weltweit bekannteste Collie-Hündin. Lassie trat erstmals 1943 in dem überaus erfolgreichen Film *Heimweh* in Erscheinung und wurde von mehr als einem Dutzend Hunden gespielt. Der erste Hund, sozusagen das »Original«, hieß Pal – und war ein Rüde. Er hatte die Rolle bekommen, weil er furchtlos und beherzt war. Pal hatte keine Angst, schwierigere Stunts durchzuführen, wie zum Beispiel schnell durch einen Fluss zu schwimmen. Durch die Jahrzehnte bis heute schaute das Fernseh- und Kinopublikum Pal und den späteren Collies zu und verfolgte Lassies spannende Abenteuer für die ganze Familie. Der aktuelle deutsche Kinofilm *Lassie – Ein neues Abenteuer* aus dem Jahr 2023 spielt in Südtirol, wo es den Diebstahl von Rassehunden aufzuklären gilt.

Terry wird zum Star

Terry war eine schwarze, struppige Cairn-Terrierhündin, die eher zufällig zum Film kam. Ihr erstes Besitzerehepaar wollte sie nicht behalten, weil sie nicht stubenrein war, und schickte sie zu einem berühmten Filmhundetrainer. Der hatte ihre schlechte Angewohnheit schnell im Griff und machte den eigentlich ängstlichen kleinen Hund zum hochbezahlten Filmstar. Ihre berühmteste Rolle spielte sie als »Toto« im Filmklassiker *Der Zauberer von Oz* von 1939, der mit ihrer Hilfe zu einem der meistgesehenen Filme der Geschichte wurde.

Häusliche Vorbilder

George Lucas, der Erfinder von *Star Wars*, orientierte sich für seine flauschigen Ewoks am eigenen Familienhund, einem kleinen Brüsseler Griffon. Und der Moment, als Susi im Film *Susi und Strolch* aus der Hutschachtel heraushüpft, war im Hause Walt Disneys mit seinem eigenen Hund, einem Chow-Chow namens Sunnee, tatsächlich so passiert.

Mut zählt!

Jeden Tag beweisen ganz normale Hunde außergewöhnlichen Mut. Möchtest du einige davon kennenlernen?

Rettungshund Roux

In Franklin, Tennessee, in den Vereinigten Staaten von Amerika, lebt die Mischlingshündin Roux. Sie ist in zweifacher Hinsicht ein »Rettungshund«: Erstens wurde Roux aus einer Tierauffangstation adoptiert. Und zweitens rettete sie in der Nacht des 4. Juli 2020 im Alter von drei Jahren das Leben ihrer Nachbarsfamilie, in deren Haus durch einen Feuerwerkskörper Flammen ausgebrochen waren. Nur dank Roux' schneller und mutiger Warnung konnten sich alle in Sicherheit bringen. Die Hündin erhielt die Lebensrettungsmedaille der örtlichen Feuerwehr.

Und wer weiß, vielleicht wollte sich Roux mit ihrer Heldentat einfach bedanken? Es stellte sich nämlich heraus, dass einer der geretteten Nachbarn, ein Hundefriseur, Roux ihr neues Zuhause vermittelt hatte.

Alltagsheldentum

Tierheimhund Jepson ist ein Pyrenäenberghund, der eine Entführung vereitelte. Er ging im Sommer 2020 mit einer der Heimmitarbeiterinnen Gassi, als zwei Männer aus einem weißen Lieferwagen stürzten und versuchten, die Frau zu verschleppen. Jepson stellte sich ihnen mutig entgegen und schlug die Verbrecher in die Flucht.

Im Frühling 2019 wurde der dreibeinige schwarze Mischlingsrüde Ping Pong zum Helden seines thailändischen Dorfes. Er hatte ein ausgesetztes Baby auf einem Feld gefunden und seinen Besitzer alarmiert. Das Kind hätte sonst nicht überlebt.

Betzi Boo, eine Riesenschnauzerhündin aus Leeds in England, rettete ihrem Besitzer im Sommer 2020 das Leben. Um Haaresbreite hätte ihn ein herabfallender Baum getroffen, wenn sie ihren Menschen nicht mit all ihrer Kraft weggezogen hätte.

Bear und Frida in Aktion

Manche Hunde haben Jobs, die viel Mut erfordern – und trotzdem kommen die Vierbeiner ihrer Aufgabe mit großer Hingabe nach. Anfang 2020 rettete ein beherzter Tierschutzhund über 100 Koalas bei den schlimmen Waldbränden in Australien.

Koalas sind langsame Tiere. Viele von ihnen hatten große Schwierigkeiten, rechtzeitig vor den Flammen zu fliehen. Mit Schutzschuhen ausgestattet und voller Tatendrang, lief Bear, der australische Koolie, unermüdlich über die verkohlte Erde und spürte noch lebende Koalas auf, die im Katastrophengebiet feststeckten. Sobald er ein Tier gefunden hatte, setzte er sich geduldig hin und wartete auf das Rettungsteam – eine Gruppe von Menschen, die den verletzten und durstigen Koalas genauso helfen wollten wie Bear.

Ebenso wie Bear trug die mexikanische Labrador-Hündin Frida bei ihrem tapferen Einsatz spezielle Schuhe, um die Pfoten zu schützen. Ausgebildet, um im Dienst der mexikanischen Marine nach Opfern von Naturkatastrophen zu suchen, ortete Frida in ihrer Karriere über 53 Personen: von Erdbebenopfern und Verschütteten nach Erdrutschen bis zu Überlebenden katastrophaler Explosionen. Ausgestattet mit einer Schutzbrille, kämpfte sie sich durch die Trümmer, schnüffelte durch den Staub und spendete den Menschen um sich herum Zuversicht und Hoffnung.

Als sie 2019 im Alter von zehn Jahren in den Ruhestand ging und ihre Dienstzeit als Rettungshund beendete, half sie weiterhin bei der Ausbildung junger Hunde bis zu ihrem Tod am 15. November 2022. In Mexiko wird sie wie ein kleines Nationalheiligtum verehrt.

Auf dich kann ich zählen!

Jeder Hund kann mutig sein! Aber einige Rassen sind für ihren besonderen Mut bekannt. In sehr brenzligen Situationen bitten Menschen oft den Malinois um Hilfe, denn dieser kann gut unter Druck arbeiten – genauso wie der Deutsche Schäferhund, der Dobermann und der Bouvier des Flandres.

Von Beruf: Hund

Du wirst sehr wahrscheinlich noch nie einen Hund gesehen haben, der am Schreibtisch sitzt und eilig auf der Tastatur herumtippt. Aber Hunde erfüllen tatsächlich viele Aufgaben in unserer Gesellschaft und liefern uns und anderen Tieren unersetzliche Unterstützung.

Hüter der Herden

Hirtenhunde wie Border Collies und Bobtails sind unverzichtbar, wenn es um den Schutz einer Herde geht. Bis zu achtzig Schafe kann ein einzelner dieser Hunde auf einmal hüten. Versuche du mal, so viele Schafe, Rentiere oder Rinder zusammenzuhalten! 2017, als Waldbrände in Kanada rings um sie herum wüteten, bewachten die vierbeinigen Helden Tad und Sophie furchtlos eine Herde aus 90 Schafen. Sie retteten zahlreiche Leben und beeindruckten die ganze Welt mit ihrer Tapferkeit.

Schnüffelprofis und Fallschirmspringer

Bombenspürhunde nehmen ihre Arbeit überaus ernst. Eine Behörde in den Vereinigten Staaten von Amerika hat ungefähr 19 Milliarden Dollar ausgegeben, um herausfinden, wie sich Sprengstoff am besten aufspüren lässt. Es stellte sich heraus: mit der Nase eines Hundes! Sie funktioniert besser als jede Maschine. Verschiedene Rassen, von Deutschen Schäferhunden bis zu Labradoren, arbeiten mit Sondereinheiten der Polizei zusammen und erschnüffeln versteckte Waffen und geschmuggelte Güter. In Kolumbien, einem Land in Südamerika, wurde den Hunden eines Spezialkommandos zu diesem Zweck das Fallschirmspringen beigebracht. So können die Vierbeiner zusammen mit ihren menschlichen Kollegen in den Einsatz springen.

Bürgermeister Duke und Bürgermeisterin Lucy Lou

Womöglich hattest du ja schon von Bombenspürhunden und Hirtenhunden gehört – aber wahrscheinlich noch nie von einem Hund als Bürgermeister. Du hast richtig gelesen: Die Vereinigten Staaten von Amerika haben im Laufe ihrer Geschichte schon so manchen Hund ins höchste Amt einer Stadt gewählt. Besonders in unruhigen Zeiten ist es doch schön, eine politische Führung zu haben, die von allen Seiten gleichermaßen geschätzt wird. Auf Duke, den riesigen weißen Pyrenäenberghund, traf das ganz bestimmt zu.

Duke war ab 2014 Bürgermeister von Cormorant, einem kleinen Dorf in Minnesota. Er waltete seines Amtes mit großem Taktgefühl und trug dabei sein Markenzeichen, einen Zylinder, auf dem Kopf. Egal ob er eine Parade anführte oder die allgemeine Geselligkeit in der örtlichen Kneipe förderte, der charmante Vierbeiner übte seinen Beruf mit großer Freude aus. Die erste weibliche und sehr geschätzte Bürgermeisterin von Rabbit Hash in Kentucky war Border Collie Lucy Lou, die von 2008 bis 2016 amtierte. Unsere Stimmen haben die beiden, oder?

Noch viel mehr Erfolgsgeschichten

Manche Hunde nehmen Pinsel ins Maul , um ihre künstlerischen Werke von ihrem menschlichen Management anschließend für wohltätige Zwecke verkaufen zu lassen. Andere Vierbeiner, die eigentlich als Rettungshunde arbeiten, jagen als »Ballkind« davonhüpfenden Tennisbällen beim Brasil-Open-Tennisturnier in Brasilien nach, um so auf Straßenhunde aufmerksam zu machen. Und wiederum andere springen sogar in Boote und erschnüffeln Walausscheidungen auf dem Wasser.

Wal-Mist für den Klimaschutz

Was? Ausscheidungen von Walen? Gute Frage! Nun, Walfischkot enthält viele Informationen. Schon eine kleine, leuchtend orangefarbene Probe (ja, Walfischkot ist orange!) kann dir sagen, ob ein Wal gesund ist. Menschen sind nicht allzu geschickt darin, Wal-Mist auf dem Wasser zu finden, aber speziell ausgebildete Hunde können das! Sie folgen dem Geruch, sodass Wissenschaftler Proben nehmen können. Und das wiederum trägt zum Schutz unserer sensiblen Ozeane bei.

Kluge Beschützer

Hunde sind echte Helden! In gefährlichen Situationen eilen sie uns zu Hilfe und scheuen sich nicht, ihre Menschen und andere Tiere zu beschützen.

Wilderer, nehmt euch in Acht!

Hunde passen oft von Natur aus auf ihre Menschen auf – aber würden sie auch Nashörner beschützen? In Südafrika arbeiten die Vierbeiner im Wildtierschutz, um gegen die Nashornwilderei vorzugehen. Das ist wichtig, denn das **Spitzmaulnashorn** und das **Breitmaulnashorn** sind vom Aussterben bedroht. Die **Wilderer,** die diese Nashörner für Geld töten, tragen dazu bei, dass es immer weniger von ihnen in freier Wildbahn gibt.

Hier kommen die Hunde ins Spiel. Aus Texas wurden extra Foxhound-Rudel eingeflogen, die frei herumlaufen, um die Wilderer auf frischer Tat zu ertappen. Die Hunde arbeiten selbstständig, ohne dass sie von einem Menschen geführt werden. Wenn ihre Gegner sich vor lauter Angst auf Bäume flüchten, werden sie von den wütend knurrenden Hunden unten umzingelt: »Bleibt bloß da oben! Und denkt nicht einmal daran herunterzukommen!«

Andere Hunde, wie speziell ausgebildete Labradore und Cocker Spaniels, setzen ihre feinen Nasen ein. So spüren sie illegale Wildererbeute auf, die oft in Autos versteckt wird – wie zum Beispiel eben die Hörner von Nashörnern. Hoffentlich geht die Wilderei auch weiterhin zurück! Denn dank der mutigen Hunde gibt es schon viel weniger Vorfälle.

Bilbo, der Rettungsschwimmer

Bilbo war eine außergewöhnliche Hundepersönlichkeit. Frag mal die Leute in Cornwall in England! Sie erinnern sich nur allzu gerne an den fantastischen vierbeinigen Rettungsschwimmer. Bilbo war ein riesiger schokobrauner und äußerst kluger Neufundländer, der seine Berufung am Meer fand.

Er ging an der Küste von Sennen Cove auf Patrouille, und wenn ein Kind zu weit ins Wasser lief, bellte er laut. Wurden die Wellen zu stark, eilte er zu der Spaziergängerin und stellte sich schützend vor sie. Geriet ein Mann beim Schwimmen in Not, konnte er sich auf Bilbos außergewöhnliches Gespür verlassen. Bilbos Besitzer, dem Rettungsschwimmer Steve Jamieson, war klar, dass sein Hund ein ganz besonderes Talent hatte. Während seiner Dienstzeit rettete der flauschige Hund mehrere Leben. Er war der erste Hund in England, der offiziell als Rettungsschwimmer-Hund anerkannt wurde.

Bilbo liebte Kinder. Immer wenn sein Besitzer in Schulen über sicheres Verhalten am Meer sprach, begleitete Bilbo ihn und zog alle Blicke auf sich. Wer weiß, wie viele Leben Bilbo gerettet hat, indem er einfach er selbst war.

Vierbeinige Küstenwache

Auch in Italien kannst du mit etwas Glück Hunde entdecken, die in ihren leuchtend roten Rettungswesten an der steinigen Küste herumlaufen. Hunde sind von Natur aus sehr gute Schwimmer. Deswegen werden sie in verschiedenen Teilen Italiens eingesetzt, um Menschen aus den Fluten zu retten. Sobald die mutigen Vierbeiner die Sirenen hören, wissen sie genau, wie sie das Gelernte aus dem Training umsetzen müssen. »Wer ist in Schwierigkeiten?« »Wer braucht unsere Hilfe?« Sofort springen sie ins Meer und paddeln mit ihren Pfoten durch das Wasser. In Windeseile sind sie bei den Schwimmern und ziehen sie zurück ans sichere Ufer.

Hilfe naht

Ein Rettungshund der Küstenwache bringt einem in Not geratenen Schwimmer ein Rettungsseil oder eine Schwimmweste. Manchmal bietet er ihm auch an: »Halte dich an meiner Weste fest, ich ziehe dich an die Küste!«

Immer an deiner Seite

Die Gesellschaft von Hunden kann für viele Menschen auf der Welt eine enorme Hilfe darstellen. Allein in den Vereinigten Staaten von Amerika arbeiten eine halbe Million Hunde als Begleit- oder Therapiehunde.

Bruin vertreibt die Aufregung

Bruin, der Golden Retriever, hatte eine besondere Aufgabe: Er spendete Kindern Trost und Unterstützung, die in einem Gerichtssaal im amerikanischen Michigan wichtige Fragen beantworten mussten. Ein **Gericht** ist ein Ort, an dem große Entscheidungen getroffen werden. Manchmal geht es um Verbrechen, manchmal um Familienangelegenheiten oder andere Dinge. Ein Gerichtssaal kann ein unruhiger Ort sein, an dem sich viele Menschen aufhalten. Deswegen war Bruin dort im Einsatz, um Kinder zu beruhigen, die öffentlich aussagen mussten. Sie konnten einfach seinen Kopf streicheln und fühlten sich dadurch ein wenig sicherer.

Keine Angst, ich bin bei dir!

Menschen mit **Autismus** erleben die Welt ein wenig anders als andere Menschen. Das kann manchmal zu Gefühlen von Angst oder Überforderung führen. **Autismus-Assistenzhunde** sind dafür ausgebildet, ihre Menschen in Stresssituationen zu beruhigen, indem sie beispielsweise den Kopf auf ihren Schoß legen.

Schnelligkeit zählt

Hunde können auch Menschen helfen, die gelegentlich Krampfanfälle haben. Eine **Epilepsie** tritt auf, wenn das Gehirn einer Person zu viele elektrische Signale erzeugt. Die Betroffenen sind dann häufig verwirrt, zittern oder fallen hin. **Epilepsiehunde** haben die wichtige Aufgabe, diese Menschen zu warnen. Sie bellen und holen Hilfe, wenn ihr Mensch einen Anfall hat.

Eine echte Stütze

Begleithunde bleiben dicht bei ihren Menschen (die oft körperliche Behinderungen haben) und bieten ihnen Halt und Unterstützung beim Gehen oder wenn sie mit dem Rollstuhl unterwegs sind. Zu Hause übernimmt der Hund Aufgaben wie das Licht auszuschalten, den Kühlschrank zu öffnen oder eine Fernbedienung vom Regal zu holen. Vielleicht hast du schon mal einen **Blindenhund** gesehen? Diese besonders ausgebildeten Hunde helfen sehbehinderten Menschen im Alltag. Dazu gehören das Überqueren viel befahrener Straßen, das Führen durch enge Supermarktgänge und das Reisen mit Bussen und der U-Bahn.

Roselle, die Heldin

Möchtest du Roselle kennenlernen, die vielleicht berühmteste Blindenhündin? Am 11. September 2001 befand sich die Labrador-Retriever-Hündin mit ihrem Menschen Michael Hingson im 78. Stock des World Trade Centers. Als ein Flugzeug in das Gebäude flog und es zu brennen begann, führte Roselle ihren Besitzer Treppe um Treppe hinunter, bis sie in Sicherheit waren.

Gut fürs Herz

Wusstest du, dass es gut für dein Herz ist, wenn du einen Hund streichelst? Das Streicheln kann deinen Blutdruck senken und Stress abbauen. Auf diese Weise helfen **Therapiehunde** den Menschen in Pflegeheimen. Und natürlich bereiten sie den Bewohnern einfach viel Freude und sind ihnen wahre Freunde.

Lesepaten

Da sie sehr gute Zuhörer sind, können Hunde Kindern beim Lesenlernen helfen! Sie geben ihnen Selbstvertrauen und entspannen sie beim Buchstabieren von Wörtern. Während der Corona-Pandemie lasen manche Kinder den Therapiehunden sogar über Videoanruf vor. Die Hunde hörten zu, ohne ihre kleine Leserschaft ständig auf Fehler hinzuweisen. So verbesserten sich die Lesefähigkeiten der Kinder.

Gut geschnüffelt!

Eine Hundenase ist etwas Faszinierendes: Sie ist über 10 000 Mal empfindlicher als die Nase von uns Menschen. Es gibt so viel Arbeit für so feine Schnauzen!

Riley eilt zu Hilfe

Im Jahr 2018 stellte das Museum of Fine Arts in Boston in den Vereinigten Staaten von Amerika einen neuen Mitarbeiter ein. Er war ein wenig zappeliger als die anderen und besaß wunderschönes graues Fell, aber er hatte definitiv die feinste Nase von allen. Riley, ein zwölf Wochen alter Weimaraner, begann seine Ausbildung als Museumswächter. Sehr alte Bilder enthalten oft organische Materialien wie Pflanzensäfte, Leinöl oder Ei und sind auf der Naturfaser Leinen gemalt. Und was zieht organisches Material an? Insekten! Insekten, die die Leinwände anknabbern und die Kunstwerke dabei stark beschädigen können. Riley wurde darauf trainiert, diese winzigen Schädlinge aufzuspüren. Und so rettet der Spürhund nicht nur die Gemälde, sondern seiner Kollegenschaft jeden Tag ohne zerfressene Kunst!

Dem Krebs auf der Spur

Andere Hunde wiederum leisten der Medizin große Dienste. Erstaunlicherweise können Hunde nämlich mithilfe ihres Geruchssinnes Krebszellen aufspüren. Jede Art von Krebs, etwa Eierstockkrebs oder Lungenkrebs, hat einen einzigartigen Geruch – und Hunde können lernen, ihn zu entdecken.

Eine Studie von 2019 bewies, dass drei Beagles in 96,7 Prozent der Fälle den Geruch von Lungenkrebs wahrnehmen konnten – also fast immer (nur Snuggles, der vierte Beagle, war an der Aufgabe nicht so sehr interessiert). Wenn Krebs frühzeitig erkannt wird, rettet das unter Umständen das Leben eines kranken Menschen, weil er schneller behandelt werden kann. Wissenschaftler hoffen, irgendwann eine Art »mechanische Nase« entwickeln zu können, die genauso gut wie die Nase eines Hundes funktioniert. Bis dahin aber gilt: Vielen Dank, liebe Hunde!

Arbeitsplatz Fußballstadion

Bei großen Veranstaltungen, wie Popkonzerten oder wichtigen Fußballspielen, sind oft auch Hunde vor Ort. Bevor die Menschenmassen hereinströmen, haben die Hunde ihre feinen Nasen am Boden, schnüffeln in die Luft und spüren jedem Windstoß nach. Sie suchen nach chemischen Gerüchen: nach Bomben und allem anderen, was Menschen schaden könnte. Auch Flughäfen setzen diese aufwendig geschulten Hunde ein. Du hast sie vielleicht schon in ihren Westen gesehen, auf denen steht: »Ich arbeite, bitte nicht anfassen.« Schon oft konnten Hunde auf diese Art Anschläge verhindern.

Fährtenhunde

Wenn Hunde, wie zum Beispiel Bluthunde, nach vermissten Personen suchen, können sie einer Spur noch folgen, selbst wenn sie über eine Woche alt ist. Sie können sogar jemanden riechen, der bis zu 19 Kilometer weit weg ist! Und einige besonders trainierte Hunde können Gerüche auch durch Betonwände hindurch erschnüffeln.

Vermisste aufspüren

Wir verlassen uns oft auf speziell ausgebildete Hunde, wenn es darum geht, Vermisste aufzuspüren. Zum Beispiel könnte sich eine ältere Person mit **Alzheimer**, einer Krankheit, die das Gedächtnis beeinträchtigt, verirren oder den Weg nach Hause vergessen. Wenn Hunde an einem Kleidungsstück eines Vermissten schnuppern, können sie dabei helfen, diesen Menschen wiederzufinden.

Medizin für Hunde

Genau wie wir Menschen können auch Hunde Schwierigkeiten dabei haben, sich zu bewegen. Manchmal verletzen sie sich oder leiden von Geburt an unter Problemen. Zum Glück entwickelt sich die Technologie aber sehr schnell weiter.

Startklar

Schauen wir uns diesen Labrador an: Auch mit drei Beinen ist er ein wundervolles Tier, aber er möchte so gerne so richtig rennen können. Also bringen ihn seine Menschen zu einer Fachklinik, wo ihm ein Prothesenbein angepasst wird. Eine **Prothese** ist ein künstlicher Körperteil, der aus Materialien wie Kunststoff oder Grafit hergestellt wird. Bald schon wird dieser Hund dank seines künstlichen Beins fröhlich durch den Park springen können.

Manchen Hunden fällt es schwerer als anderen, mit Prothesen zu laufen. Aber es ist immer toll mitanzusehen, wie ein Hund dank der neuen Technologien zum allerersten Mal einem Ball hinterherjagt. Je mehr wir über Hunde-Prothesen wissen, desto mehr finden wir vielleicht auch über neue Prothesen für uns Menschen heraus.

Hundeforschung hilft Menschenforschung

In vielen Bereichen der Medizin ebnen uns Hunde den Weg. Jedes Jahr kommen wir unserem Ziel, ein Heilmittel gegen Krebs zu finden, ein wenig näher. Hunde könnten der Schlüssel sein! Seit einiger Zeit laufen Tests zur Wirksamkeit eines Krebsimpfstoffs für Hunde. Ein **Impfstoff** ist ein Medikament, das verhindert, dass dein Körper krank wird. Wenn das Medikament bei Hunden wirkt, wären das echt tolle Neuigkeiten – und zwar für Hund und Mensch. Denn die Erkenntnisse könnten helfen, in Zukunft viele Arten von Krebs bei Menschen und Hunden gleichermaßen zu heilen.

Pikser gegen Schmerzen

Viele Menschen tun alles, um ihren kranken Hunden zu helfen. Oft versucht man, Therapien, die beim Menschen funktionieren, einfach zu übertragen. Wenn Hunde älter werden, tun ihnen vielleicht die Gelenke wegen ihrer **Arthritis** weh, einer Erkrankung, die die Gelenke anschwellen lässt. Das ist wirklich schmerzhaft! Akupunktur kann zum Beispiel helfen. Die Behandlung mag seltsam aussehen, tut aber nicht weh. In der Tierarztpraxis werden winzige Nadeln in die Haut des Hundes gepikst, was hilft, seine Schmerzen zu lindern. Die Nadeln sollen den Körper dazu anregen, sich selbst zu heilen.

Laserscharf sehen

In den letzten Jahren werden Augenbehandlungen mit dem Laser auch bei Hunden immer beliebter. Stell dir einen Mops vor, der sich mit seiner kurzen Schnauze den Weg zur Tierarztpraxis mühsam erschnüffeln muss. Er kann nämlich leider nicht besonders gut sehen, weil er den **Grauen Star** hat. Das ist eine Art trüber Nebel in den Augen. Wird er aber mit dem Laser behandelt, verschwindet diese Trübung. Und endlich kann der Mops wieder sehen!

Wahr oder falsch?

Du hast vielleicht schon eine Menge »Fakten« über Hunde gehört. Aber welche stimmen und welche nicht?

Das Maul ist sauberer als der Mund!

Leider nicht. Du solltest dir also zweimal überlegen, ob du dein Eis mit deinem Hund teilen möchtest. In seinem Speichel und der Maulhöhle befinden sich ganz unterschiedliche Arten von Bakterien und Keimen, die uns Menschen krank machen können. Außerdem fressen Hunde gerne alles Mögliche vom Boden, was für uns und für sie selbst schädlich sein kann.

Kalte Nase – gesunder Hund!

Ob die Nase eines Hundes kalt ist oder nicht, hat wenig damit zu tun, ob der Hund gesund ist. Tatsächlich wird eine Hundenase kalt, wenn der Hund darüberleckt. Eine Hundenase muss feucht sein, damit der Vierbeiner Gerüche optimal wahrnehmen kann. Die Spucke hat an heißen Tagen die Aufgabe, die Nase feucht und kühl zu halten. Wenn dein Hund eine trockene Nase hat, dann kann es sein, dass er eine Erkältung bekommt. Vielleicht ist sich dein Hund aber auch einfach eine Weile lang nicht mit der Zunge über seine Schnauze gefahren.

Pitbulls sind richtig fiese Hunde!

Viele Pitbulls und auch andere Hunderassen, wie zum Beispiel der Stafford Terrier, können tolle Familienhunde sein – und trotzdem haben sie einen schlechten Ruf. Das liegt daran, dass sie von Menschen aufgezogen wurden, die sie nicht gut behandelt haben. Wenn sich solche Hunde angriffslustig verhalten, dann wird in den Medien gern berichtet, dass es an der Rasse liegt. Tatsächlich liegt es aber grundsätzlich am Menschen und wie er mit ihm umgeht. Am besten beurteilt man jeden Hund unabhängig von seiner Rasse. Die meisten aggressiven Hunde handeln aus Angst heraus. Daher ist es wichtig zu lernen, wann und wie man sich einem Hund nähern sollte.

Alle Hunde wollen gestreichelt werden!

Nein, auf gar keinen Fall! Vielleicht siehst du im Park einen süßen Welpen und möchtest sofort hinlaufen und ihn streicheln. Manche Vierbeiner möchten aber lieber in Ruhe gelassen werden und finden es bedrohlich, wenn sich ihnen jemand nähert. Stell dir mal vor, ein Fremder kommt im Park auf dich zugelaufen und wuschelt dir durch die Haare. Wie würdest du da reagieren? Siehst du, Hunde schätzen Höflichkeit genauso wie wir!

Seinen Menschen erst einmal zu fragen, ob man den Hund streicheln darf, ist ein guter Anfang. Beobachte, wie der Hund reagiert. Wenn die Besitzerin zu dir sagt: »Nur zu!«, und dir der Hund schon begeistert die Hand ableckt und dabei mit dem Schwanz wedelt, dann besteht wahrscheinlich keine Gefahr. Sollte sich der Hund aber hinter seinem Menschen verstecken, knurren oder sich wegdrehen, dann halte am besten Abstand und fass ihn nicht an!

Hunde orientieren sich bei ihrem Geschäft am Magnetfeld der Erde!

Seltsam, aber wahr! Hast du dich mal gefragt, warum sich Hunde ein paarmal im Kreis drehen, bevor sie einen Haufen machen? Sie suchen den richtigen Platz! Eine Studie von 2013 bestätigt, dass Hunde eine enge Verbindung zum Magnetfeld unserer Erde haben. Wenn sie sich im Kreis drehen, hilft ihnen das dabei, sich so zu platzieren, dass sie entweder von Norden nach Süden gucken oder von Süden nach Norden. Ein absolutes No-Go wäre es demnach, einen Haufen zu setzen, während sie von Osten nach Westen schauen oder umgekehrt.

Sportshunde

Sport ist nicht nur was für Menschen! Kann ein Hund surfen? Oder tanzen? Einen Hindernisparcours bewältigen? Die Antwort lautet: Oh ja!

Bewegung mit Spaßfaktor

Hundesport verstärkt das Band zwischen Hunden und ihren Menschen und bedeutet für beide eine Menge Spaß. Eine der unterhaltsamsten Hundesportarten (auch zum Zuschauen!) ist der **Dogdance**, also »Hundetanz«. Hast du schon mal einen Hund mit Leidenschaft für Rock 'n' Roll kennengelernt?

Die Menschen bringen ihren Hunden bei, eine **Choreografie** (besondere Tanzschritte in einer bestimmten Reihenfolge) zur Musik aufzuführen und zum Takt zu springen, herumzuwirbeln und Figuren zu tanzen. Dabei muss jeder Hund sein Rhythmusgefühl, Bewegungsfreude und Genauigkeit unter Beweis stellen. Besonders talentierte Hunde können sogar extrem beeindruckende Kunststücke präsentieren, wie zum Beispiel auf den Rücken ihres Besitzers zu klettern, rückwärts auf den Hinterbeinen zu laufen oder Sprünge über mehrere Meter in die Luft zu vollführen (mit ein wenig Unterstützung ihres Menschen).

Über die Hürden hinweg

Hunde können auch an **Agility**-Wettbewerben teilnehmen – das ist so eine Art Hindernislauf für Hunde. Dabei schlängeln sie sich durch Stäbe hindurch, balancieren über Wippen und springen durch Reifen! Hunde sind echt schnell. Es geht darum, die Aufgaben fehlerfrei, flink und vor allem mit Freude zu bewältigen.

Der beste Schnüffler

Fährtenarbeit oder **Nasenarbeit** ist ein weiterer Sport für Hunde, der viel Spaß macht und auch immer beliebter wird. Zuerst wird zu Hause oder in einem Kurs trainiert, dann schnüffeln die Hunde auf Feldern oder in bestimmten Bereichen und suchen dort nach Ziel-Düften (wie zum Beispiel Birke, Anis oder Nelke oder auch dem Geruch eines bestimmten Menschen). Wer am schnellsten und genauesten schnüffelt, bekommt einen Preis.

Dog Diving

Ist dein Hund eine Wasserratte? Und bringt dir gerne sein Spielzeug? Falls ja, ist **Dog Diving**, das bedeutet so viel wie »Tauchen für Hunde«, wahrscheinlich die perfekte Sportart für ihn. Dabei rennen die Hunde über einen rutschfesten, niedrigen Steg ins Wasser. Das kann ein Pool sein oder ein See, Hauptsache, mindestens 1,20 Meter tief, damit die Tiere sich auf keinen Fall verletzen. Ihre Menschen werfen ein Spielzeug, das die Hunde beim Sprung oder im Wasser fangen müssen – möglichst weit, hoch oder schnell. Ein Riesenspaß und tolles Muskeltraining für alle, die gern schwimmen!

Reite die Welle!

Jedes Jahr findet in Kalifornien in den Vereinigten Staaten von Amerika die Weltmeisterschaft für Hunde auf dem Surfbrett, im **Dog Surfing**, statt. Die Wettkämpfe in verschiedenen Disziplinen erregen mittlerweile weltweite Aufmerksamkeit. Die Hunde werden je nach Größe und Gewicht in Gruppen eingeteilt, starten mit und ohne ihre Menschen, zu mehreren oder einzeln auf dem Brett, und bunte Schwimmwesten für alle sind Pflicht. Ziel ist, möglichst lange auf den Wellen zu reiten, aber im Grunde geht es sehr zur Freude des bestens unterhaltenen Publikums nur um eins: den gemeinsamen Spaß für Tier und Mensch!

Gutes Benehmen ist Training

Was ist eine Hundeausstellung? Das ist ein Ort, an dem Leute ihre Hunde Richtern präsentieren, und diese Richter sagen dann: »Ja, dieser Hund ist ein ganz wunderbarer Vertreter seiner Rasse!« Hundeausstellungen gibt es überall auf der Welt, von China bis Slowenien.

Zeig, was du hast!

Reisen wir zurück nach New York im Jahr 1877 – genauer in die luxuriösen Flure des Westminster Hotels. Hinter einer Ecke unterhält sich eine Gruppe Männer angeregt über ihre Haustiere. »Mir kommt da eine Idee«, sagt einer von ihnen. »Wir sollten unsere Hunde an einem passenden Ort miteinander vergleichen. Vielleicht im Rahmen eines Wettkampfs?« Die anderen Männer stimmen zu. Und schon war der »Westminster Kennel Club« geboren.

Die »Westminster Kennel Club Dog Show« ist die älteste **Hundeausstellung** in den Vereinigten Staaten. Seit fast 150 Jahren strömen Hunde und Menschen aus der ganzen Welt herbei, um auf den makellosen grünen Teppichen des Clubs zu zeigen, was sie draufhaben.

Dinner für Gewinner

Jeder Hund tritt je nach Rasse in einer von sieben Kategorien an. Die Richter bewerten alles – von den Krallen bis zur Rute. Wie bewegt sich der Hund, was macht er im Ring, wie wirkt er? Wie sieht sein Fell aus, wie sein Gang, ist sein Verhalten auffällig? Der siegreiche Hund jeder Gruppe – der oder die »Rassenbeste« – erhält eine Einladung zum »Kreis der Besten«. Die erfolgreichsten sieben Hunde kämpfen dann um den Gesamtpreis »Bester Hund der Ausstellung«.

Noch wichtiger als der Pokal ist (für die Hunde zumindest), dass der siegreiche Hund ein ganz besonderes Leckerchen erhält: nämlich ein Dinner, also ein feines Abendessen, im nahe gelegenen Restaurant Sardi's. Das historische Restaurant ist bekannt für Karikaturen von berühmten Persönlichkeiten, die seine Wände säumen – und dafür, jedem Siegerhund der Westminster-Ausstellung ein saftiges Steak auszugeben.

Übung macht den Meister

Alle Hunde, die an solchen Ausstellungen teilnehmen, sind extrem gut erzogen. Falls du schon einmal einen Welpen zu Hause hattest, weißt du, wie unglaublich schwierig es sein kann, einen Hund zu erziehen! Hunde kommen nicht auf die Welt und wissen gleich, was Wörter wie »Sitz«, »Bleib« oder »Rolle« bedeuten. Es braucht seine Zeit, um ihnen **Sozialverhalten** (wie sie mit Menschen und anderen Hunden umgehen) und **Gehorsam** (wie sie Anweisungen ihrer Menschen befolgen) beizubringen. Die gute Nachricht ist aber: Hunde lernen in jedem Alter.

Die größte Hundeausstellung

Die größte Hundeausstellung der Welt heißt »Crufts«. Sie findet alljährlich in England statt und jedes Jahr nehmen über 18 000 Hunde daran teil. Und hier wie bei der Westminster-Ausstellung gilt: Der siegreiche Hund ist der Star!

Viele professionelle Hundetrainer empfehlen dir die **Positive Verstärkung** als Erziehungsmethode, wenn es dir wichtig ist, dass dein Hund mit Freude und Spaß lernt. Sobald dein Hund eine Aufgabe erfüllt, sagst du: »Ja, so ein gutes Mädchen! Hier hast du ein Leckerchen!«, und streichelst deinen Hund zur Bestätigung, wo er es gerne hat. Wichtig dabei sind Wiederholungen, kurze Trainingseinheiten (denn wie bei kleinen Kindern auch, haben Hunde nur eine kurze Aufmerksamkeitsspanne!) und eine positive Grundhaltung.

Ein Fest für Hunde

Wir feiern den Hund! Festivals und Veranstaltungen, die allein den Tieren gewidmet sind – überall auf der Welt zeigen Menschen auf diese Art ihren Vierbeinern ihre Liebe. (Okay, okay, diese Events sind für Menschen selbst mindestens ebenso unterhaltsam!)

Der Tag der Hunde

Willkommen beim hinduistischen Fest **Tihar** in Nepal, einer fünftägigen Feierlichkeit voller kräftiger Farben, die viel mit dem indischen Diwali-Lichterfest gemeinsam hat. Am zweiten Tag des Tihar-Festes kommen die Menschen zusammen, um sowohl Straßenhunde als auch Haushunde und Hunde ganz allgemein zu segnen. Der **Kukur Tihar** – oder auch »der Tag der Hunde« – zollt den geliebten Tieren Respekt, preist aber auch Yama, den Hindu-Gott des Todes, von dem man sagt, dass ein Hund sein Bote sei. Die Leute schmücken jeden Hund mit einer Blumenkette, malen ein **Tilaka** (ein Segenszeichen aus roter Paste) auf ihre Stirn und geben ihnen viele leckere Dinge zum Fressen. Zum Beispiel Milch, Eier und schmackhafte Fleischbrocken!

Seit einigen Jahren haben auch andere Länder den Kukur Tihar übernommen. In Mexiko und Australien feiern die Menschen das Hundefest, um auf den Respekt vor den Tieren aufmerksam zu machen. Wie schön ist es doch, unseren vierbeinigen Freunden auf diese Weise unsere Dankbarkeit zu zeigen!

Oktoberfest für Hunde

Amerikanische Menschen feiern ihre Hunde auf viele unterschiedliche Weisen, aber die spektakulärste ist wahrscheinlich das **Barktoberfest** (»bark« bedeutet »bellen« auf Englisch). Dieses Fest ist in vielen Städten der Vereinigten Staaten beliebt. Hunde tragen ihre besten Lederhosen, nehmen an Hundeparaden teil und tanzen sogar Squaredance. Do legst di nieda!

Tisch für zwei

In Tokio, der Hauptstadt Japans, gibt es besonders viele Katzenfans – aber auch Hunde kommen nicht zu kurz. Inzwischen gibt es einige **Hundecafés**, in denen die Gäste mit Hunden kuscheln und sie verwöhnen können, während sie Essen für sich und ihre neue Fellnasen-Freundschaft bestellen.

In Japan sind »Bento-Boxen« (Speisen, die in speziellen Boxen mit mehreren Fächern für verschiedene Nahrungsmittel serviert werden) extrem beliebt. Und seit Kurzem haben einige Gaststätten diese Mahlzeiten in Boxen auch für Hunde im Angebot. Ein bisschen Hühnchen hier, ein wenig Reis da. Lecker und sättigend – perfekt für Autoreisen!

Kultur mit Hund

In Polen wirbt ein Kino: »Komm rein und schau dir den Film mit deinem Hund gemeinsam an!« Toll, oder? In Theatern, Museen und anderen Sehenswürdigkeiten sind Hunde meistens leider nicht erlaubt. In Deutschland und Italien dürfen Hunde in der Regel mit ins Restaurant. Das ist nicht in allen Ländern selbstverständlich – also am besten einfach vorher nachfragen!

Gesetzliches Gassigehen

In Schweden besagt das Gesetz, dass du alle sechs Stunden mit deinem Vierbeiner rausgehen musst. Auch in Deutschland ist es Vorschrift, zweimal am Tag mit seinem Hund für insgesamt mindestens eine Stunde rauszugehen und sich ausreichend aktiv mit seinem vierbeinigen Freund zu beschäftigen.

Eis, Eis, Hund!

In Italien bekommen Hunde an manchen Stränden leckeres Hundeeis. An anderen Stränden werden ihnen sogar Sonnenschirme und Bettchen zur Verfügung gestellt. Letztere haben die perfekte Größe für Hunde und sind ausschließlich für die Vierbeiner vorgesehen!

Verwöhnt bis in die Schwanzspitze

Streicheleinheiten am Bauch genießen, auf dem Sofa kuscheln, im Park schön Gassi gehen – im Leben eines Hundes sind die besten Dinge kostenlos. Wollen wir uns ein paar lustige (und ziemlich überflüssige) Sachen anschauen, wie man als Mini-Majestät im Luxus schwelgen kann?

Was ein Spa(ß)!

Schon mal von einer »Pfoten-Maniküre« gehört? Manche »Hunde-Spa-Hotels« bieten diese Behandlung an. Nach einem Tag voller Aromatherapie-Massagen und kühlendem Nippen aus einem mit teurem Mineralwasser gefüllten Napf gönnt sich Hund von Welt zur Abrundung seines perfekten Looks noch eine professionelle Nagelbehandlung. Manche Firmen verkaufen sogar Bademäntel, die ganz auf die »Hundschaft« zugeschnitten sind, damit die Entspannung auch rundum garantiert ist. Ob Hunde diese VIP-Behandlung wirklich genießen, lässt sich wohl diskutieren. Aber das Planschen im privaten Pool reißt's auf jeden Fall bestimmt raus!

Fünf-Sterne-Service

In einer gewöhnlichen Hundepension geht es recht einfach zu – doch jetzt tauchen überall auf der Welt »Hundehotels« auf. In diesen luxuriösen Unterkünften gibt es so ziemlich alles: vom Butler bis zum knisternden Kaminfeuer. Manche haben sogar ein Plasma-TV in jedem Raum, damit die Hunde auf keinen Fall auch nur eine Folge ihrer Lieblings-Naturdoku verpassen. Und wie kommt der Hund dorthin? Kein Problem. Eine Limousine oder ein Sportwagen holt den erlauchten Gast ab.

Feinste Häppchen

»Hunde-Bäckereien« locken mit einem breiten Angebot an Leckereien für den verwöhnten Hund. Es gibt kleine Kekse, die wie Cheeseburger aussehen! Karotten-Muffins! Hundetorten zum Geburtstag! Und falls dein Hund auf Kürbis-Eiscreme als dicke Füllung zwischen zwei Bio-Keksen steht …

Next Topmodel

Selbstverständlich sehen Hunde sowieso perfekt aus, wie sie sind, aber manche Leute kleiden ihre Hunde gerne für jede Jahreszeit passend ein. Ob Bomberjacken, Fliegen, Jeans-Shirts und Fleece-Pullis oder eine ganze Reihe an Halloween-Kostümen – Hunde können alles tragen. Für den besonders verwöhnten Hund gibt es sogar einen Designer-Regenmantel, der (viel) mehr als 200 Euro kostet.

Ein Krönchen für das Hündchen?

Luxus hört nicht etwa bei der Bekleidung auf. Vielleicht möchtest du, dass dein Dobermann nach Blumen und Früchten riecht? Dafür gibt es Hunde-Parfüm, obwohl es mehr als fraglich ist, ob die empfindlichen Nasen unserer Vierbeiner das gut finden. Hast du Lust, deinem Chihuahua ein Mini-Designer-Sofa mit Lederarmlehnen und Memory-Schaum zu kaufen? Im Internet bekommst du es mit nur einem Klick – genauso Elektro-Spielzeug, das sogar so tun kann, als buddle es im Garten ein Loch.

Hast du zufällig 3,5 Millionen Euro übrig? Dafür bekommst du eine diamantenbesetzte Krone, die deinem kleinen Hündchen perfekt passt.

Ungewöhnlich beste Freunde

Egal, wohin man sieht – überall finden Hunde neue Freunde. Ein Belgischer Malinois fordert einen Pitbull in einem Park zum Spielen auf. Zwei Beagle jagen einander. Und schau, da drüben bellt eine Gruppe Pudel im Spiel. Wir sind an den Anblick solcher Freundschaften längst gewöhnt: Hunde kümmern sich um andere Hunde, Hunde sprechen mit Menschen – manchmal kuscheln Hunde sogar mit Katzen! Aber die eine oder andere Hundefreundschaft dürfte dich doch überraschen!

Tinni und der Fuchs

Eines Sommers war der Fotograf Torgeir Berge in seinem Heimatland Norwegen mit seinem Deutschen Schäferhund Tinni unterwegs, als etwas Magisches passierte: Ein Fuchs tauchte auf, und die Freundschaft, die sich daraufhin zwischen Tinni und dem Fuchs Sniffer entwickelte, war wie aus einem Film. Sie vertrauten einander und tollten jeden Tag stundenlang zusammen im Wald herum. Es spielte keine Rolle, dass der eine ein Wildtier war und der andere ein Haustier. Sie sprachen eine gemeinsame Sprache und verstanden, was »Jag mich!«, »Kugle über den Boden!«, »Spiel mit mir!« bedeutete.

Eine »Shreklich« schöne Freundschaft

Ein junger Windhund nahm in Hampshire in England die Rolle des Beschützers für seinen neuen Freund ein – die Babyeule Shrek. Als sich der verantwortliche Falkner um Shreks Gesundheit sorgte, nahm er den kleinen Vogel mit zu sich nach Hause und der sechs Monate alte Windhund Torque adoptierte ihn sofort. Das wunderbare Bild von Torque mit der kleinen Eule zwischen den Pfoten wurde ein Renner in den Medien. Auf den Fotos scheinen Torques Augen zu sagen: »Was gibt's denn da zu schauen? Shrek ist mein Baby!«

Ein Entenpapa

Torque war nicht der einzige Hund, der sich für gefiederte Freunde begeistern konnte! Hier ist Fred, der Labrador aus Essex in England. Er wurde im Internet zum Star, als er sich bereitwillig um neun Entenbabys kümmerte, deren Mutter nirgends zu finden war. Fred war ein stolzer Vater und präsentierte seine gefiederte Entenmeute gerne auf den grasbewachsenen Wegen von Schloss Mountfitchet; dabei saßen alle neun Entenbabys sicher auf seinem Rücken. Ab und an stand ein kleiner Ausflug zum Schlossgraben an. Er führte die Entenbabys dorthin und sah ihnen beim Tauchen und Herumpaddeln zu.

Ein Reh, oje!

Hunde kommen nicht nur mit Füchsen, Vögeln und sogar Geparden wunderbar aus, sondern auch mit vielen verschiedenen Tierarten wie Schweinen, Affen und sogar Rehen! Allerdings handelt es sich dabei eher um Sonderfälle. Wahrscheinlich will dein Hund ein Reh lieber jagen, als mit ihm befreundet zu sein?

Mein Freund, der Gepard

Tierpfleger in den Zoos und Wildtier-Auffangstationen in Nordamerika haben herausgefunden, dass ungewöhnliche Freundschaften manchmal die wertvollsten sind. Schau dir Hunde und Geparden an! Ja, Geparden! Die Tierpfleger bringen die beiden gern zusammen unter, weil sie festgestellt haben, dass die ruhige Energie von einem Golden Retriever – oder jedem anderen zutraulichen Hund – dabei helfen kann, den Stress zu verringern, den Geparden in Gefangenschaft empfinden. Und die Hunde scheinen die Gesellschaft der Geparden ebenfalls zu schätzen.

Die Geschichte von Hilfe und Freundschaft

Von liebevollen Kuscheleinheiten bis zu lebensrettender Unterstützung – Hunde geben uns so viel! Ihre Menschen sind ihnen sehr wichtig, und es ist unsere Aufgabe, ihnen ebenfalls zu helfen.

Patenschaft mit Herz

Hättest du nicht Lust, auf freiwilliger Basis in einem Tierheim auszuhelfen? So viele wunderbare Hunde suchen dort nach einem neuen Zuhause. Während sie auf ihre neue Familie warten, brauchen sie Menschen wie dich, die sie streicheln, ihre Gehege sauber halten, bei der Fütterung helfen und mit ihnen spielen.

Dein bester Freund – Geschenk und Verantwortung

Hunde sind ein Geschenk fürs Leben! Und: Sich einen Hund nach Hause zu holen, ist eine Lebens-Entscheidung – für die nächsten 15 Jahre, die mit viel Zeit und auch Kosten verbunden ist! Möchtest du diese Verantwortung wirklich übernehmen? Wenn ja: Welche Rasse ist die richtige? Wenn du mit deinen Eltern gesprochen hast und ihr so weit seid, einen Hund in eurer Familie willkommen zu heißen, wird eure Suche vielleicht im Tierheim beginnen.

Viele Leute fühlen direkt eine Verbindung zu ihren Hunden, wenn sie sie zum ersten Mal treffen. Du und deine Familie solltet euch dennoch vorab unbedingt über folgende Dinge Gedanken machen: Muss dieser Hund jeden Tag einige Stunden Gassi gehen oder ist er mit vielen Kuscheleinheiten und weniger Bewegung glücklich? Habt ihr genug Platz zu Hause? Was hat dieser Hund unter Umständen schon für Erfahrungen mit Menschen gemacht? Die Tierpfleger in den Tierheimen und ebenso alle seriösen Hundezüchter sind in der Lage, dir deine Fragen zu beantworten und helfen dir dabei, den passenden Vierbeiner für dich zu finden.

Eine Alternative zum eigenen Hund kann sein, einen Pflegeplatz für einen Tierschutzhund anzubieten. Das ist ein vorübergehendes Zuhause, wo du ihn liebevoll versorgen kannst, bis er seinen endgültigen Platz gefunden hat. Nun ja, es soll schon viele Hunde gegeben haben, die dann doch für immer geblieben sind ...

Sammeln für die Pfoten

Bist du ein Ausnahmetalent in Sachen Backen? Wenn du kannst, dann veranstalte doch Kuchenverkäufe, nimm an Flohmärkten teil oder starte Spendenaktionen – das ist eine wunderbare Weise, um Geld für Tierschutzorganisationen zu sammeln.

In Deutschland kannst du zum Beispiel an den Deutschen Tierschutzbund e.V. spenden, Tasso e.V. oder an die Stiftung Vier Pfoten. Viele Tierschutz-Organisationen suchen nach Freiwilligen, die etwas verändern wollen, indem sie entweder in den Tierheimen mitarbeiten oder Geld sammeln.

Aus Respekt

Wir Menschen haben die Pflicht, allen Tieren mit Freundlichkeit und Respekt zu begegnen! Wenn du siehst, wie jemand einen Hund schlecht behandelt, hole Unterstützung einer erwachsenen Person. Du kannst auch das **Veterinäramt** kontaktieren, das in deinem Ort oder Landkreis für das Wohlergehen aller Tiere offiziell zuständig ist.

Liebe, Liebe, Liebe!

Das Beste, das du für Hunde tun kannst: Hab sie lieb! Liebe ihr seidiges Fell und ihren albernen Charakter. Liebe sie strubbelig, klein, groß, gefleckt, liebe ihre abgeknickten Ohren und ihre sanften Augen. Liebe ihre heraushängenden Zungen und ihre schmutzigen Pfoten, mit denen sie Löcher buddeln. Behandele sie so, wie du auch behandelt werden möchtest – und vielleicht bekommst du einen Freund fürs Leben.

Hunde sind großartig!

Wenn du das nächste Mal einen Hund siehst, der womöglich gerade die Straße runtertappt oder aus einem Fenster guckt, bleibst du vielleicht ja stehen und erinnerst dich an all die Dinge, die du in diesem Buch erfahren hast. Vielleicht denkst du dir, dass dieser Hund Gefühle riechen kann und dass seine Vorfahren vor Millionen von Jahren über unsere Erde liefen. Vielleicht erkennst du auch seine Rasse oder bemerkst die genauen Bewegungen seiner Ohren. Aber vor allem wünsche ich dir, dass du wirklich verstehst, wie großartig er einfach ist.

Es gibt so viele tolle Hunde

Jeder Hund ist etwas Besonderes! In diesem Buch haben wir eine Vielzahl an Hunden kennengelernt, von berühmten Vierbeinern zu historischen Persönlichkeiten, vom Jagdhund bis zum Hütehund – und jeder von ihnen ist ein einzigartiges Wesen mit Träumen, Hoffnungen und der Fähigkeit zu lieben. Wenn du von Roselles Geschichte hörst, der heldenhaften Hündin, die ihrem Menschen half, aus einem brennenden Gebäude zu entkommen, oder von Bobby, dem Wunder auf vier Beinen, der Tausende von Kilometern zurücklegte, um zu seiner Familie nach Hause zurückzukehren, dann besteht kein Zweifel daran.

Bobby

Roselle

Sergeant Stubby

Von Hunden lernen

Eigentlich trainieren ja wir Menschen die Hunde. Und trotzdem muss man innehalten und sich fragen, wer hier eigentlich die wahren Lehrer sind. Jedes einzelne Schnuppern einer Hundenase lehrt dich etwas. Jedes Schwanzwedeln ist ein Geschenk. Hunde zeigen uns, dass jeder Geruch ein Wunder in sich birgt. Dass ein langsamer Abendspaziergang etwas Zauberhaftes sein kann. Und dass man seinem Leben auf unendlich viele Arten freundlich und zugewandt begegnen kann.

Versuche, beim Spaziergang die Welt so wahrzunehmen, wie es ein Hund womöglich tut. Halte deine Nase in den Wind und atme tief ein, genieße die frische Luft und nimm die jeweilige Jahreszeit ganz bewusst wahr. Was würden Hunde hören? Was würden Hunde sehen? Sei neugierig – genau wie sie!

Auf unsere Hunde!

Auf unsere Hunde – unsere loyalen, heldenhaften, brillanten und mutigen Begleiter! Unsere Lehrmeister. Unsere besten Freunde. Das Tolle ist, dass wir durch die Fortschritte der Wissenschaft immer mehr über unsere vierbeinigen Freunde erfahren – und wir lernen auch, uns selbst immer besser zu verstehen. Wir sind Seite an Seite, die Geschichte unserer und ihrer Evolution ist fest miteinander verwoben. Egal wo wir hingehen – sie sind bei uns. Und egal wo sie hinlaufen, folgen wir ihren Pfotenabdrücken.

Ich weiß, dass ich nie aufhören werde, von meinem Amerikanischen Dingo Dany fürs Leben zu lernen. Sie wird mir auch weiterhin so ziemlich alles beibringen – wie zum Beispiel, dass Erdnussbutter besonders lecker schmeckt, wenn man sie direkt vom Löffel ableckt. Oder wie sich manche Nächte ganz besonders gut zum Mond anheulen eignen. Sie wird mir weiterhin immer wieder zeigen, dass Hunde wesentlich komplexer und spannender sind als ich mir das je hätte vorstellen können.

Kurz gesagt: Sie ist meine Familie. Und ich bin ihre Familie. Und ich werde mich immer daran erinnern, wie großartig sie ist.

GLOSSAR

Aberglaube Die Annahme, dass ein bestimmtes Verhalten entweder Glück oder Pech bringt

Afterkralle Extrakralle oben an den Vorderbeinen (und manchmal auch an den Hinterbeinen) eines Hundes, die oft direkt am Knochen sitzt. Sie hilft dem Hund beim Klettern und gibt ihm Halt – fast wie ein Hundedaumen

Agility Hindernisläufe, bei denen die Hunde sich zum Beispiel durch Stangen schlängeln müssen

Allesfresser Tiere wie Hunde (und Menschen), die sowohl Pflanzen als auch Fleisch fressen

Alte Rassen Hunde, die seit sehr langer Zeit an der Seite des Menschen leben und deren Blutlinie bis heute intakt und unverändert ist

Arbeitshunde Hunde, die für den Einsatz als Wachhunde der Rettungshunde gezüchtet werden

Blindenhunde Hunde, die dazu ausgebildet wurden, ihre Menschen zu führen und zu beschützen

Canis familiaris Lateinischer Begriff für die Spezies der Hunde

Cynodictis Struppiges Lebewesen mit langem Schwanz, das als Vorgänger zum Hund von heute gilt

Dickin-Medaille Stellt die höchste militärische Ehrung für Tiere in Großbritannien dar

Dogdance Auch bekannt als »Dog Dancing«, bei denen die Menschen ihren Hunden beibringen, eine Choreografie (bestimmte Tanzschritte in festgelegter Reihenfolge) zu Musik zu tanzen

Domestizierung Prozess, bei dem wilde Tiere zahm (oder zumindest etwas zahmer) werden

Eckzähne Scharfe Zähne, mit denen Hunde ihr Futter zerteilen

Evolution Alle Spezies stammen von früheren Spezies ab, so wie sich beispielsweise die Hunde aus Urwölfen entwickelt haben

Evolutionsbaum Eine Karte, die abbildet, wie sich unterschiedliche Formen von Leben entwickelt haben. Dabei zeigt jeder neue Ast an, wie sich ein bestimmtes Lebewesen verändert oder weiterentwickelt hat

Familienhunde Hunde, die als Haustiere gezüchtet werden

Fellwechsel Prozess der Fellveränderung, auch »Haaren« genannt, der gewöhnlich in den wärmeren Monaten stattfindet

Fingerballen Die vier dicken Polster an den Zehen der Vorder- und Hinterpfoten eines Hundes

Gebrauchshunde Hunde, die besondere Aufgaben übernehmen können. Der Begriff wird ähnlich wie »Arbeitshunde« verwendet.

Gehorsamstraining Art der Hundeerziehung, bei der die Hunde lernen, Anweisungen von ihren Menschen zu befolgen

Geschmacksknospen Sitzen auf der Zunge von Hunden und schmecken heraus, ob etwas bitter, süß, salzig, sauer oder »umami« ist – letzteres ist der herzhafte fünfte Geschmack

Geruchsmoleküle Kleine Partikel in der Luft, auch »Duftmoleküle« genannt, die durch die Nasenlöcher bis unter das Nasendach gelangen, wenn eine Person oder ein Hund einatmet

Grauer Star Nebliger Film im Auge des Hundes (oder auch des Menschen)

Handballen Großer Ballen in der Mitte jeder Pfote

Hinterfuß Die hintere Pfote eines Hundes

Hirtenhunde Hunde, die zum Hüten des Viehs auf Bauernhöfen und Farmen gezüchtet werden

Hundeausstellung Ort, an dem Personen Richtern in einem Wettbewerb ihre Hunde präsentieren, und diese Richter entscheiden, ob ein Hund ein den Standards entsprechender Vertreter seiner Rasse ist

Hütehunde Hunde, die zum Bewachen von Vieh eingesetzt werden

Jagdhunde Hunde, die aufgrund ihres ausgeprägten Geruchssinnes und ihres guten Sehvermögens für die Jagd gezüchtet werden

Jagdtrieb Er sagt aus, wie sehr sich ein Hund für das Jagen und Fangen anderer Tiere interessiert

Jagd-Windhunde Windhunde, die bei der Jagd vor allem ihr gutes Sehvermögen und ihre Schnelligkeit einsetzen

Karpalballen Kleiner Ballen an der Hundepfote, etwas weiter oben am Bein als die anderen Ballen

Klonen Vorgang, bei dem eine einzelne Zelle eines erwachsenen Tieres dazu verwendet wird, eine identische Kopie dieses Tieres herzustellen

Linse Wo das Licht im Auge gebündelt wird

Lunde »Papageientaucher« auf Norwegisch

Markieren Wenn ein Hund an einer bestimmten Stelle uriniert und so anderen Hunden mitteilt: »Dieser Ort gehört mir!«

Miacis Wolfartiger Vorfahre aller Hunde, Schakale, Füchse und Wölfe, der vor rund 55 Millionen Jahren lebte

Mischling Hund, dessen Eltern unterschiedlicher Rasse sind

Mumifizierung Vorbereitung eines Toten für das Leben nach dem Tod, wie im alten Ägypten

Nackenhaare Kleine Härchen auf dem Rücken eines Hundes, die sich aufrichten, wenn der Hund Angst hat oder aufgeregt ist

Nasenarbeit Sport, bei dem Hunde auf Feldern oder in bestimmten Bereichen schnüffeln und nach Ziel-Düften (wie zum Beispiel Birke, Anis oder Nelke) suchen. Wer am schnellsten und genauesten schnüffelt, kann Preise gewinnen

Olfaktorische Rezeptoren Winzige Neuronen, die Düfte erkennen und sich ein wenig wie Leitungen verhalten, indem sie elektronische Botschaften an das Gehirn senden. Das Gehirn versucht dann herauszufinden, was die Nase da riecht.

Oxytocin Hormon, eine chemische Botschaft, das vom Gehirn freigesetzt wird und dich glückliche Verbundenheit empfinden lässt

Papyrus Schilfart, die von den alten Ägyptern zur Herstellung einer frühen Form von Papier. verwendet wurde

Paradogs Fallschirmfliegende Hunde im Zweiten Weltkrieg

Perros Floras »Blumenhunde« auf Spanisch

Prothese Künstlich hergestelltes Körperteil aus Plastik oder Grafit

Pupille Wo das Licht in das Auge strömt

Reinrassig Hund, dessen Eltern die gleiche Rasse haben

Reißzähne Befinden sich seitlich im Hundemaul; diese Zähne dienen dem Zerkleinern, und Kauen von Futter.

Rudeltiere Tiere, die gerne in Gesellschaft anderer Tiere leben

Schießhunde Hunde, die extra dafür gezüchtet wurden, die Jagdbeute zurückzubringen

Schlittenhunde Hunde wie Huskies, die Schlitten durch Schnee und Eis ziehen

Selektives Züchten Art der Zucht, bei der reinrassige Welpen so gezüchtet werden, dass sie noch »süßer«, kräftiger, kleiner oder größer sind als ihre Eltern

Showhunde Hunde, die für Wettbewerbe trainiert und gestylt werden.

Sozialverhalten-Training Art der Hundeerziehung, bei der Hunden beigebracht wird, wie sie gut mit Menschen und anderen Hunden auskommen

Spiegeltest Selbsterkennungstest für Menschen und Tiere, der unter anderem auch das Erkennen des eigenen Körpers im Spiegelbild beinhaltet

Spielerisches Knurren Aggressionsloses Knurren von Hunden, wenn sie Spaß haben

Stäbchen und Zäpfchen Spezielle Zellen im Auge; Stäbchen sind für das Wahrnehmen von Schwarz, Weiß und Grautönen zuständig, Zäpfchen für die Erkennung von Farben

Terrier Hunde, die ursprünglich für das Jagen von Schädlingen wie Ratten gezüchtet wurden

Therapiehunde Hunde, die Menschen bei psychischen oder Bewegungsbarrieren helfen. Sie werden zum Beispiel zur Stressbewältigung eingesetzt oder zur Stärkung des Selbstvertrauens, wenn ein Kind laut vor Publikum vorlesen soll.

Tonlage Wie hoch oder tief ein, also zum Beispiel ein Bellen ist

Vomeronasalorgan Sensible Zellen am Gaumen eines Hundemauls, die Gerüche wahrnehmen

Vorderfuß Die vordere Pfote eines Hundes

Wilderer Menschen, die Wildtiere für Geld töten

Würdenträger oder Würdenträgerin Person in einer Machtposition, für gewöhnlich in der Politik

Register

Deutscher Schäferhund
Welsh Corgi
Mops
Kangal
Irish Setter
Airedale Terrier
Beagle
Afghanischer Windhund
Basset Hound
Yorkshire Terrier
Mastiff
Podengo Português Pequeno
Chihuahua
Englische Bulldogge

Chow-Chow
Boston Terrier
Schipperke
Staffordshire Bullterrier
Parson Russell Terrier
Norwegischer Lundehund
Saluki
Rottweiler
Deutsch Kurzhaar
Lagotto Romagnolo
Scottish Terrier
Peruanischer Nackthund
Bedlington Terrier
Japan Chin